Franz Xaver Mayer

Über die öffentlichen Lustbarkeiten und den Einfluß

derselben

in die Sittlichkeit eines Volkes

Franz Xaver Mayer

Über die öffentlichen Lustbarkeiten und den Einfluß derselben
in die Sittlichkeit eines Volkes

ISBN/EAN: 9783743692190

Hergestellt in Europa, USA, Kanada, Australien, Japan

Cover: Foto ©ninafisch / pixelio.de

Weitere Bücher finden Sie auf **www.hansebooks.com**

Ueber die öffentlichen Lustbarkeiten

und den

Einfluß derselben in die Sittlichkeit

eines Volkes

---

hat am höchsterfreulichen Namensfeste

des

durchleuchtigsten Churfürsten

Karl Theodor

Pfalzgrafen bey Rhein, Herzoges in Ober-
und Niederbaiern 2c. 2c.

bey gehaltener Hauptversammlung

der Gesellschaft sittlich- und landwirthschaftlicher Wissenschaften zu Burghausen

gelesen

Franz Xav. Mayr Weltpriester

den 4. Windmonats 1789.

Burghausen, gedruckt bey Jakob Lutzenbergers churf. Reg. Buchd. sel. Erbinnen.

München, zu finden bey Joseph Leutner Buchhändler unter dem schönen Thurme.

Ueber die

öffentlichen Lustbarkeiten

und den

Einfluß derselben in die Sittlichkeit
eines Volkes

hat am höchsterfreulichen Namensfeste

des

durchleuchtigsten Churfürsten

Karl Theodor

Pfalzgrafen bey Rhein, Herzoges in Ober-
und Niederbaiern ꝛc. ꝛc.

bey gehaltener Hauptversammlung

der Gesellschaft sittlich- und landwirthschaftlicher Wissenschaften zu Burghausen

gelesen

Franz Xav. Mayr Weltpriester

den 4. Windmonats 1789.

Burghausen, gedruckt bey Jakob Lutzenbergers churf. Reg. Buchd. sel. Erbinnen.

München, zu finden bey Joseph Lentner Buchhändler unter dem schönen Thurme.

Rede über die öffentlichen Lustbarkeiten ꝛc.

Imprimatur.

Sign. München im churfürstl. Bücher-
censurcollegium den 17 Febr. 1789.

Fr. Xav. Graf, wirkl. Rath
und Sekretär.

Est-il une jouissance plus douce que de voir un peuple entier se livrer à la joie un jour de fête?

Les Reveries d'un Promeneur Solitaire. IXme Promenade,

Der Mensch hat, wenn man ihn auch bloß als ein isolirtes Wesen im gesellschaftslosen Zustande betrachten wollte, einen Hang sich zu vergnügen und zu belustigen. Im gesellschaftlichen Leben sucht er diesen Hang durch gemeinschaftliche Vergnügungen und Ergötzungen zu befriedigen. Schon im Hirtenstande, dem Bilde der ersten von der Natur selbst eingegebenen Gesellschaft, findet man Spuren von gesellschaftlichen Belustigungen. Bey dem ungekünstelten Tone der sanften Hirtenflöte, unter dem erquickenden Schatten der Bäume, nicht ferne von einer leise sprudelnden Quelle mögen die ersten Bewohner von Chaldäen, Egypten und Arkadien ihre gesellschaftliche Freude durch unabgezirkelte Tänze ausgedrücket haben. Kein Volk der ältern oder neuern Zeit hatte je eine so düstere Staatsverfassung, daß es die öffentlichen Lustbarkeiten vollkommen ausgeschlossen hätte.

Bey aller Schwermüthigkeit, die die Egypter unter den Pharaonen einhüllte, bey allem Haß, den sie gegen Schauspiele und Instrumentalmusik sollen gehegt haben, * überließen sie sich doch an merkwürdigen Festen ihrer Könige oder Magnaten der unbändigsten Freude. * *

Der Hang zu Belustigungen vereinigt den feinen und aufgeklärten Europäer zu erkünstelten Zeitvertreiben eben so, wie er die rohen und herumirrenden Tartarn zu kunstlosen Spielen und Trinkgelagen in Horden zusammentreibt. Die Geschichte liefert uns auch Thatsachen genug, aus denen sich schlüssen läßt, daß dieser Hang von Regenten und Gesetzgebern zu mancherley Endzwecken sey benützt und geleitet worden, und daß man die Volksergötzungen in keinem wohleingerichteten Staate als eine gleichgültige Sache angesehen oder behandelt habe.

Wie könnte man's auch? Ist's dann einem vorsichtigen Vater gleichgültig, wie seine Kinder die müßigen, von den angewiesenen Geschäften übrig gebliebenen, Stunden ausfüllen? Und den Volksvätern soll es gleich viel seyn, auf welche Art von Unterhaltungen und Belustigungen die Unterthanen verfallen? — Es ist keine neugewagte Behauptung, daß die Vergnügungen und Zeitvertreibe eines Volkes mit dem sittlichen Zustande desselben in einer eben so engen Verbindung stehen, als die ernsthaften Beschäftigungen, * * * Die Wahl und Ein-

richt

---

* Diodor. Sicul. Biblioth. L. I. c. 81. pag. 92. Edit. Amstelod. 1745.

A. L. Schlözers Weltgeschichte. I. Th. S. 171 Göttingen. 1785.

* * Genef C. XL. v. 20.

* * * Rien de moins indifférent que la manière dont un peuple remplit les momens où il ne travaille pas. Les plaisirs en particulier tiennent peut-être plus aux moeurs que les occupations sérieuses etc.

Du Gouvernement des Moeurs. Chap. XVII. à Lausanne. 1784.

richtung derselben kann also in einem Staate unmöglich für unbedeu-
tend gehalten werden.

Ein Sittenlehrer würde sehr unvernünftig handeln, wenn er über die
Volkslustbarkeiten überhaupt im polternden Tone losstürmen, sie ohne
Unterschied als Eitelkeit oder Thorheit ausschreyen, oder gar als sträflich verdammen wollte. Die Vernunft räth ihm vielmehr, daß er zei-
ge, wie auch diese zu guten Zwecken geordnet werden können. Aus diesem Gesichtspunkte gieng ich aus. Ich betrachtete sowohl den nachtheiligen als wohlthätigen Einfluß, den die öffentlichen Vergnügungen auf die Sitten hatten, und noch haben können; wünschte dann Winke geben zu können, wie durch sie, wenn sie gut geordnet würden, recht viel Gutes erzwecket werden könnte. Allein, da ich
dieser Materie länger und im weitern Umfange nachdachte, fand ich
bald, daß ich Nichts, als eine schwache unvollkommene Skizze würde
liefern können. Es sey nun einem Manne, der sich schärfere Einsichten
und nähere Bekanntschaft mit der Philosophie zutraut, vorbehalten diesen Gegenstand weitläufiger und gründlicher zu behandeln. Mir ist's genug, ein kleines Schärflein auf den Altar der Menschheit hingelegt zu
haben.

*   *   *

So wie die Traurigkeit das Herz des Menschen verenget, und zu-
sammenzieht; so erweitert die Fröhlichkeit dasselbe. Die Seele ist nie
mehr geneigt, sanfte und wohlthätige Empfindungen anzunehmen, als
wenn die Freude sie geöffnet und vorbereitet hat. Diese Bemerkung,
die sich bey einzelnen Menschen machen läßt, könnte auch durch die Geschichte ganzer Völker bestätiget werden. Ein Volk, das in einem gewissen Maaße immer fröhlich und guter Laune ist, läßt sich ungleich leich-

ter

ser durch vernünftige Geseze leiten, und auf gute Empfindungen hin-
bringen, als ein anderes, bey dem düstere Schwermuth und nieder-
schlagende Unzufriedenheit eingerissen hat. Es liegt dem Staate sehr
viel daran, fröhliche, zufriedene und vergnügte Bürger und Unterthanen zu haben, und öffentliche Lustbarkeiten können sehr vieles beytragen,
um den Charakter eines Volkes zu bilden, um Offenherzigkeit, Zutrauen,
Redlichkeit und Menschenliebe auszubreiten und zu befestigen. Wenn's
je ein Volk gäbe, das immer in einförmiger Beschäftigung fortkriechen,
jeder Freude den Zugang versagen, und sich nie zu gesellschaftlichen Unterhaltungen herabstimmen wollte; so müßte sich bey näherer Untersuchung tief herabgesunkener Sklavensinn, heuchlerischer bloß durch die Knu-
te erzwungener Gehorsam, wenige Liebe, aber viel Falschheit, Mißtrauen
und Rachgierde in seinem Charakter finden. Und welcher Regent wünschte sich solche Unterthanen? — Nur in einem Staate also, wo Despo-
tie das allgewaltige Alleingesez ausmacht, mag es Verbrechen seyn, wenn
Unterthanen sich zuweilen zu gesellschaftlichen Freuden versammeln; gute
Obrigkeiten hingegen sehen dergleichen Freudenfeste mit theilnehmendem
Vergnügen, und wünschen, daß bey selben das Band der bürgerlichen
Eintracht und Liebe immer fester geknüpfet werde.

Aus der Geschichte älterer Völker erhellet deutlich, daß Beförderung der Eintracht und eines innigern Verständnisses bey den meisten öffentlichen Lustbarkeiten ein Hauptzweck gewesen sey. * Weise Gesetzgeber hielten politische oder religiöse Feste für das schicklichste Mittel um
Glieder eines Staates unter sich, und um mehrere benachbarte Staaten miteinander zu verbinden. Griechenland hatte eine Menge derglei-

chen

---

* Goguet vom Ursprung der Gesetze, Künste und Wissenschaften. III. Th. VI.
B. Lemgo. 1770.

chen Feste, * zu denen alle Einwohner dieses vieltheiligen Freystaates sich versammelten. Bey diesen Feyerlichkeiten hörte alle Eifersucht auf, die sonst so oft Städte gegen Städte zum Nachtheil des ganzen Körpers aufbrachte. Wer sich da als einen Griechen fühlte, gab treuherzig dem andern die Hand, er mochte Athenienser, Lacädämonier, oder Thebaner seyn. Hier trat der Mann, der eine ansehnliche Staatswürde bekleidete, mit dem gemeinen Bürger in den Kampfplatz, um ihm den Preis des Sieges abzugewinnen. Bey solchen Nationalspielen wurden die kräftigsten Bündnisse gegen auswärtige Feinde ohne ceremonienvolle Weitläuftigkeiten geschlossen und erneuert. Alle Griechen betrachteten sich da als Brüder. Ueberhaupt fließen die Gemüther nie leichter in einander, als wenn sie an einer gemeinschaftlichen Freude Theil nehmen. Da fällt jede schüchterne Zurückhaltung, die die Menschen oft lange von einander entfernet, leichterdings weg. Menschen, die außer dem Kreise der öffentlichen Belustigungen sich einander die fremdesten zu seyn scheinen, schwatzen da in der nachbarlichsten Vertraulichkeit. Oft werden da Verbindungen und Freundschaften, die allgemach zu erkalten anfiengen, erneuert; und Mißverständnisse und Feindschaften werden beym vollen Ausbruche der Freude aufgehoben.

Oeffentliche Belustigungen können auch sehr vieles beytragen, um die verschiedenen Stände der menschlichen Gesellschaft einander näher zu bringen, um den gegenseitigen Neid und die stille glimmende Eifersucht, die sich so gerne aneinander reibt, zu vermindern oder zu ersticken. Die Absicht der Bachanalien, die mehrere Völker des Alterthums an-

nah-

---

* Wer kennet nicht die olympischen, pythischen, isthmischen, nemeischen ꝛc. Spiele? S. Joh. Potters griechische Archäologie. I. Band. II. Buch. 19. Kap. nach Rambachs Uebersetzung. Halle. 1775.

nahmen, war ficher auch diefe: daß der Hohe und Niedere auf eine
Zeit die Scheidewand, die zwifchen ihnen durch politifche Verhältniffe
aufgeführt war, überfehen und vergeffen möchte. Die Babilonier wollten fogar, daß die Knechte auf fünf Tage den Platz ihrer Herren einnehmen, und ihnen befehlen follten. * Es gereicht unferm Jahrhunderte gewiß
nicht zur geringften Ehre, daß Fürften auftraten, die, ohne auf dergleichen
bachanalienartige Extremitäten zu verfallen, durch gemeinnützige Einrich-
tungen zur Beförderung öffentlicher Vergnügungen helle an Tag legten, daß
es ihr Wunfch fey, alle Menfchen ohne Unterfchied des Standes oder des
Ranges an den gemeinfchaftlichen Luftbarkeiten Theil nehmen zu laffen.

Sollten öffentliche Luftbarkeiten und Freudenfefte — wenigftens einige, wenn fie eine zweckmäßigere Einrichtung erhielten, — nicht fehr
Vieles beytragen können, um einen gewiffen nationellen Sinn und eine
mehr harmonifirende Denkungsart emporzubringen? Sollten gewiffe
Feyerlichkeiten, die zum Andenken fchöner Thaten der biedern Vorältern
angeftellt würden, nicht eine unternehmende Ehrbegierde und Strebfam-
keit nach großen Handlungen rege machen können? Die Flamme der
Vaterlandsliebe, die den ehrlichen Helvetier belebt, lodert bey National-
feften helle auf, und ihr unzerftörbares Freyheitsgefühl erhält dabey neue
Nahrung. Eine einzige Schilderung vom Hirsmondtage, fo wie er ehedem zu Entlibuch im Luzernerkanton gefeyert ward, könnte uns einen
Begriff von ihren Volksfpielen und Luftbarkeiten geben. "An gewif-
"fen Tagen, die im helvetifchen Calender als Schwingtage bezeichnet
"find, verfammelt fich eine ungeheure Anzahl von Menfchen. Alles
"geräth in Bewegung, Junge und Alte, Männer und Weiber. Je-
"der

* Millots Univerfalgefchichte. I. Th. 73. S. nach der Ueberfetzung von Chri-
ftiani.

„ der glaubt sich in einen der alten Eidgenossen verwandelt, und dünkt
„ sich den Einfluß seiner verklärten Ahnen im Innern zu fühlen. Sie
„ schicken dann die heißesten Wünsche zum Himmel, daß er ihnen fer-
„ ner das Erbe der Väter, die unschätzbare Freyheit erhalte, und ver-
„ schwören sich jedem Unterdrücker derselben mit triumphirendem Muthe
„ entgegen zu gehen. Greisen gehen oft mit mehr Munterkeit und Unge-
„ duld in den Kampf, als die noch ungeübten Jünglinge. Aber auch den
„ Neulingen fehlt's nicht an Aufmunterung. Der Zuruf der Aeltern
„ und Verwandten beseelt sie zum Muthe. Von ferne stehn die min-
„ derjährigen Knaben voll ungeduldiger Sehnsucht bald auch an dem
„ Spiele Antheil zu nehmen. Freudig zählen sie einander die Jahre
„ vor, die sie noch zurücklegen müssen, bis ihr Wunsch erfüllt seyn
„ wird " ꝛc. * Solche gymnastische Uebungen, und dergleichen Nationalfeste werden aber eben so, wie die ursprüngliche Alpenmusik, immer
seltener, und verständige Männer sehen dieses mit Recht als traurige
Vorbothen des Verlurstes der alten und einfältigen Sitten und der
Mannheit der Vorältern an. * *

Wenn Volkslustbarkeiten in republikanischen Staaten eine große
Triebfeder des Patriotismus waren; so können sie in monarchischen Staaten noch überdieß als ein großes Hilfsmittel der engern Verbindung des
Unterthanen mit dem Fürsten benützt, und bey jedem Nationalfeste kann
die Liebe zum Regenten vermehrt, erneuert und unauslöschlich befestiget
werden. Wenn die Freude einen Haufen zufriedener Unterthanen ver-

B

einigt,

---

* Wer weitläuftigere Nachrichten haben will, der lese die besondern Be-
schreibungen des Entlibuchs vom Pfarrer Schnyder von Wartensee. IIIs
Heft. S. 29. Luzern. 1783.

* *) Chr. Meiners Briefe über die Schweiz. II. Th. 1. Brief. S. 22.

einigt, wenn der Landesvater selbst Vieles zur Erhöhung und Vermehrung ihrer gesellschaftlichen Freude beyträgt; so wird sich schwerlich eine
so frostige Seele einfinden, die nicht bey so einer allgemeinen Fröhlichkeit erwärmet wird.   Es ist nicht vonnöthen, daß wir Beyspiele vom
Auslande oder von ältern Zeiten entlehnen.   Das auffallendeste Beyspiel liefert selbst unser Vaterland.   So wie man schwerlich eine Nation findet, die mit mehrerm Enthusiasmus an ihrem Fürsten hängt, als
die baierische; so wird es auch kaum eine geben, die bey günstigen Er-
eignissen, welche den durchleuchtigsten Regenten oder die höchste Familie betreffen, mehrere Freude und innigere Theilnehmrung zeigt, als
eben die baierische.   Die Freude greift so sehr um sich, daß das Herz
des gleichgültigsten Ausländers erwärmet, und in's Interesse der Fröhlichkeit hineingezogen wird, wenn er den unaufhaltbaren Ausbruch des
patriotischen Vergnügens, und die Wirkungen desselben sieht.   ·

Oeffentliche Lustbarkeiten können also, wenn sie gut geleitet und geordnet werden, in dem gesellschaftlichen Zustande manches Gute stiften.
„ Allein „ — nun erhebt sich die Stimme einiger Sittenlehrer und ernsthaften Staatsmänner — „ die Volkslustbarkeiten veranlassen, leider!
„ nur gar zu viel Böses, und richten große Unordnungen im sittlichen,
„ physischen und politischen Zustande der Menschen an.   Nur gar
„ zu oft ersticken sie den Geist der Arbeitsamkeit, machen die Gemüther
„ weichlich, bringen einen Hang zu Tändeleyen, zum Müßiggehen, zum
„ Wohlleben unter die genügsame Classe der geschäftigen Menschen.
„ Der Bauer verläßt seinen Pflug, und der Handwerksmann seine
„ Werkstätte, um sich in der Schenke was zu gute zu thun.   Das
„ Weib vernachläßigt Wirthschaft und Kinderzucht, und wird eine eit-
„ le Coquette.   Der Jüngling sucht mehr durch ein betrügerisches Außen-
„ werk,

„ werk, als durch wahren innern Werth die Welt auf sich aufmerksam
„ zu machen. Das Mägdchen — — " Doch warum soll ich oft genug aufgekaute Vorwürfe, die jedem bekant sind, wiederholen?

Unterdessen fodert die unpartheyische Liebe zur Wahrheit, daß wir,
da wir den sittlichen Nutzen der Lustbarkeiten berührt haben, auch
den Schaden derselben nicht verhehlen. Laßt uns den Gegnern geradezu
in das Gesicht sehen, und, weil in jedem Einwurfe Wahrheit liegt, die
Augen davor nicht verschließen, und mit ihr redlich zu Werke gehen,
zugleich aber auch den unterschobenen Mißverstand berichtigen.

Eines müssen wir zum voraus festsetzen. Wenn öffentliche Lustbarkeiten wirklich ein Uebel wären; so kann man dieses Uebel doch nie
ausrotten, wenn man nicht die Natur des Menschen und den gesellschaftlichen Stand aufheben will. Erholung, Vergnügen und Belustigung
ist den Menschen, unter jedem Himmelsstriche, in jedem Zeitalter zum
unaustilgbaren Bedürfniße geworden. Die ganze Kunst des Sittenleh-
rers und Staatsmanns muß also dahin gehen, den Mißbräuchen bey
öffentlichen Belustigungen vorzubeugen, und den guten Wirkungen
derselben mehr Kraft und Einfluß zu verschaffen. Es ist auch kein
geringer Trost für den, der den Sachwalter der Volksergötzungen machen will, daß alle Einwürfe, welche die Staatskunst oder die Sittenlehre dagegen macht, größtentheils Mißbräuche oder Ausschweifungen angreifen.

Nach dieser Voraussetzung gestehe ich gerne zu, daß öffentliche Lustbarkeiten ein Volk weich und weibisch machen, sobald sie ausarten, zu
sehr vervielfältiget, oder von niedrigen Zwecken geleitet werden.
Griechenland und Rom liefern darüber die warnendesten Beyspiele.

Da einmal Perikles in Athen das Volk durch prächtige Schauspiele
und übertrieben kostbare Gastmäler betäubt, Wahlstimmen gekauft und
verkauft hatte; da die ehemaligen Ueberwinder des größten persischen
Heeres mehr auf theatralische Vorstellungen, als auf die Ausrüstung
einer Kriegsflotte verwendeten; da sie jeden ehrlichen Patrioten, der ihren Hang zu Lustbarkeiten durch vernünftige Vorstellungen berichtigen
und einschränken wollte, für einen Staatsfeind erklärten; war die Epo-
che der Sklaverey nicht mehr ferne, und es kostete die Feinde des Frey-
staats wenige Mühe den von Lustbarkeiten entnervten Griechen die heim-
lich geschmiedeten Fesseln anzulegen. * Griechenland sank sichtbar von
der ehemaligen Stuffe des Ruhmes herab. Gerade so giengs in Rom.
Da Feyerlichkeiten übermäßig vervielfältiget wurden; da es beynahe
täglich was zu begaffen gab; da der Circus mehr von Charlatanen als
von Kämpfern voll war; da die Jünglinge öfters bey Bällen als auf
dem Marsfelde sich einfanden, und, statt den Tiberstroum hinanzuschwim-
men, lieber niedliche Kratzfüsse machten; * * da die römischen Senato-
ren an der Tafel Luculls die alte Frugalität wegschlemmten; gieng der
Freystaat allgemach in Trümer, man sah Pflastertreter genug, und fand
nur einen Cato; das Volk, das ehemals dem ganzen Erdkreise Gesetze vorschrieb, gab sich der Mißhandlung des Triumvirats preis, und
stürzte mit Klang und Sang in Sklaverey. Uebermaß und Ausar-
tung der Volksfeste haben sehr vieles beygetragen, daß die merkwür-
dig-

---

* Epaminondae morte etiam Athenienfium virtus intercidit: fiquidem amiſſo, cui
aemulari confueverant, in fegniriem torporemque refoluti, non ut olim in claſſem exer-
cituſque, ſed in dies feſtos apparatuſque ludorum reditus publicos effundunt, et cum
actoribus nobiliſſimis poetiſque theatra celebrant, frequentius fcenam quam caſtra vi-
ſentes. Juſtin. Lib. VI. c. 9. Vergl. Demoſthen. Philipp. I. Plutarch. de gloria Athenienſ.

* * Horat. Lib. I. od. 8.

digſten zwey Voͤlker zu Weichlingen gebildet wurden, da gut ge-
ordnete Nationalfeſte, Spiele und Aufzuͤge den maͤnnlichen Patrio-
tiſmus und die edle Tapferkeit ſo lange ernaͤhrt hatten.

So wie die oͤffentlichen Luſtbarkeiten Weichlichkeit in einen Staat
bringen koͤnnen; ſo koͤnnen ſie auch, ſobald ſie eine zu gewoͤhnliche Er-
ſcheinung werden, die ernſthafte Geſchaͤftigkeit und ſtrebſame Thaͤ-
tigkeit verdraͤngen. Maͤßig und ſelten genoſſen aber geben ſie den Kraͤf-
ten des arbeitſamen Mannes neuen Schwung. Der Koͤrper ſowohl als
die Seele haben bey einer einfoͤrmigen ermuͤdenden Beſchaͤftigung eine Erholung und Abwechſlung vonnoͤthen. Leute, die ganze Wochen unter
dem Joche der Geſchaͤfte ſich fortſchleppten, vergeſſen an einem einzigen
Freudentage alle Beſchwerniſſe ihres Standes. Neugeſtaͤrkt und mit
neuem Feuer belebt gehen ſie nach einer maͤßigen Erholung muthiger an
ihr Tagewerk.

Ich gebe auch gerne zu, daß Volksluſtbarkeiten den Luxus befoͤr-
bern koͤnnen, ſobald ſie von der edlen Natureinfalt abweichen. Wenn
die kindiſche Eitelkeit groß zu thun, ſeine Reichthuͤmer auszukramen, und
andere gleiches Standes zu uͤbertreffen ſich in die oͤffentlichen Vergnuͤ-
gungen mengt; ſo wird freylich ein einziger Freudentag den Unterhalt
eines Monats aufzehren, und oͤffentliche Feyerlichkeiten ſind die naͤchſte
Gelegenheit zum uͤbertriebenen Aufwande, der nicht bloß Privatperſo-
nen, ſondern auch ganze Staaten in Duͤrftigkeit ſtuͤrzen kann. Allein
ich denke, daß man eben bey Gelegenheit der oͤffentlichen Luſtbarkeiten
dem Luxus den nachdruͤcklichſten Stoß verſetzen koͤnnte. Wenn einmal
diejenigen, die uͤberall den Ton angeben, wenn die Obrigkeiten und die
Großen eines Staates, derer Glanz auf andere zuruͤckeſtralt, ſich oͤf-
fentlich als Feinde des laͤſtigen Flitterwerks und als Verehrer der un-

gekünstelten Simplizität zeigen; so wird die unter ihnen stehende Volks-
klasse, durch ihr Beyspiel hingerissen, bald den Hang zum Unnatürlich-
prächtigen und Uebertriebenkostbaren fahren lassen. Man sehe nur auf
das, was wirklich hie und da geschieht. Wenn in einigen Staaten bey
öffentlichen Feyerlichkeiten weniger Flitterstolz erscheint; wenn nun sechs
Gerichte auf Tafeln stehen, wo ehedem achtzehn und noch mehrere stan-
den; wenn die Menschen nun bey öffentlichen Freudenfesten mehr auf
gesellschaftliches Vergnügen, als auf Etikettenzwang, Rangsucht und
Kleiderpracht sinnen, so haben wir's dem Beyspiele, das große Fürsten
und Männer vom ersten Range gaben, zu verdanken. Möchte doch einmal das Vorurtheil einstürzen, daß die Vergnügungen desto mehr
Reiz haben, je mehr sie Aufwand fodern! * Möchten doch einmal
Likurge auftreten, die bey feyerlichen Gastmälern Mäßigkeit, bey öffentlichen Spielen Uneigennützigkeit lehrten, die zeigten, daß man sich der
Natur immer nähern müsse, um das Vergnügen in größerem Maaße
zu genießen; so würden unsre Feste weniger kostspielig seyn, und doch
mehr Anzügliches, mehr Vergnügendes haben, würden Schulen besse-
rer Sitten werden. Denn

Auch dieser Vorwurf, daß öffentliche Lustbarkeiten vielfältig die
Sitten verderben, ist nicht neu, und hat viel Wahres. Gar oft erwachen bey selben Leidenschaften, die die menschliche Glückseligkeit ver-
giften; gar oft werden zwischen beyden Geschlechtern Bekanntschaften
gestiftet, die die gräulichsten Folgen nach sich ziehen. Das Verderbniß
kann noch größer werden, wenn einmal die unselige Mode — auch

Kin-

---

* Le Plaisir ne se mesure pas sur la depense, et la joie est plus amie des liards que
des Louis.

Les Reveries d'un Promeneur Solitaire. IX. Promenade.

Kindern den Hang zu öffentlichen Lustbarkeiten frühezeitig schon einzu-
pflanzen — weiter um sich greift; wenn man sie von ihrem Puppenwer-
ke weg auf Bälle und Masqueraden hinzieht; wenn sie frühe vom un-
schuldigen Zirkel häuslicher Familienfreuden weg in die gelärmvolle große Welt geschleppt werden. Sollen Kinder, bey denen sich der Einfluß
des Beyspiels so auffallend zeiget, ruhige Ordnung, geräuschlose
Mäßigkeit und sittliche Eingezogenheit — Tugenden die ihnen so
oft mündlich empfohlen werden — liebgewinnen, da sie so frühezeitig bey den täuschendesten Auftritten der Unordnung, der Schlemmerey und Ausgelassenheit nicht bloß als Zuseher erscheinen, sondern auch
als theilnehmende Personen ihre Rolle mitspielen? Ist's bey so einem wi-
dersprechenden Erziehungsplane ein Wunder, wenn sie die stillen Naturfreuden frühezeitig aneckeln, wenn ihr Köpfchen voll von Pantomi-
men, Harlekinaden, und — die feine Welt mag mir den Ausdruck ver-
geben — voll von Hanswurstiaden ist, wenn um vieles frühezeitiger die
Triebe erwachen, denen die Natur eine spätere Zeit zum Erwachen bestimmt hat. Aber so wie das Verderben der Sittlichkeit durch un-
zeitigen Gebrauch oder zu frühezeitige Theilnehmung an öffentlichen
Vergnügungen kann befördert werden; so kann man auf der andern
Seite in unserm Jahrhunderte der Moden dem weitern Einreißen des
Verderbens durch angemessenen Gebrauch derselben wehren. Würde es nicht manchesmal recht gut seyn, wenn eine vernünftige Mutter
selbst ihre schon erwachsene und für die Ehe bestimmte Tochter,
bey der sich die Leidenschaften bereits schon entwickelt haben, in öffentliche Gesellschaften begleitete, ihr da das Spiel der Moden, die Ebbe
und Fluth des Vergnügens, das Gewühl der Leidenschaften mit sanfter
Belehrung vorzeigte, statt, daß sie Winkelzusammenkünfte veranstaltet

oder

oder begünstigt. Denn in gewiſſem Verſtande ziehen öffentliche Zuſammenkünfte das Unheil gewiß nicht nach ſich, das die heimlichen anrichten. Die Leidenſchaft, die ſich bey dieſen bloß mit einem Gegenſtande beſchäftigt, findet bey jenen mehrere, die ſie alſo zu einer Art vom Leichtſinne und Flüchtigkeit veranlaſſen, auch ſteht die Tugend weniger in Gefahr angegriffen zu werden. Denn der Böſewicht, der im Finſtern umherſchleicht und tückiſche Anſchläge im Stillen ausbreitet, wagt es ſelten unter eine Anzahl fröhlicher ausgeheiterter Menſchen zu gehen. Schwarz wie der Erebus, iſt ſeine Seele; ſeine Fallſtricke legt er im Finſtern; da ſucht er Unſchuld und Rechtſchaffenheit zu hintergehen und zu verſchlingen. * Aus dieſem Grunde mögen Einige auf den Wahn gerathen ſeyn, daß es bey einem ohnehin ſchon verfallenen Zeitalter ein ſehr gutes Mittel zur Verbeſſerung der Sittlichkeit — vorzüglich bey Erwachſenen — ſeyn würde, wenn gute Anſtalten zu unſträflichen ausgewählten Volksluſtbarkeiten gemacht würden. * *

Oeffentliche Luſtbarkeiten können auch eine große Plage für die Haus- und Staatswirthſchaft werden, weil ſie den Hang zu unnöthigen und ſchädlichen Bedürfniſſen rege machen. Die Staatengeſchichte liefert Belege genug zu dieſer traurigen Wahrheit. Da Rom Gaſtereyen, Ovationen, Triumphe ꝛc. in Menge ſah; da die Römer, dieſe Welterſchütterer, von Aſien aſiatiſche Reichthümer und aſiatiſche Schwelgerey mitgebracht hatten; da Conſuln und Senatorn in die Wette

---

* L' innocente joie aime à s'evaporer au grand jour; mais le vice eſt ami des ténebres.

Rouſſeau.

* * Quant aux mœurs, elles n'ont pas de plus grands et de plus ſurs preſervatifs que les plaiſirs innocens.

Du Gouvern. des mœurs.

te schmauseten; da die bereicherten Anhänger des Sulla einen Festtag
nach dem andern im Wohlleben hinbrachten; wollten es die ärmern
Schlucker ihnen bald nachthun, wollten niedliche Gastmäler, glänzende
Bedienung um sich haben, und verfielen daher auf die unseligsten Mittel diese selbst geschaffenen Bedürfnisse zu befriedigen. Eine Probe davon war die Staatsverrätherey, die Catilina und seine Consorten un-
glücklicher Weise begannen. * Stellen wir uns bloß in Gedanken eine
wohllüstige Stadt vor, in der sich die Volkslustbarkeiten übermäßig ver-
vielfältigen, und mehrere Wochen nacheinander fortdauern; wie vieler-
ley Bedürfnisse werden da unter dem Volke rege werden! Welche Unordnung wird nach und nach einreißen! Man steht spät auf, gähnt vor
langer Weile und vertändelt die Zeit, bringt einen Nachmittag um den
andern mit Vorbereitungen, mit Parfumiren, mit Schminke- und Schön-
pflästerchenauflegen 2c. hin, macht eine Nacht nach der andern zum Tage, schlemmt und schwärmt, bringt den Morgen allemal mit Schlafen
zu, klagt zu Mittage über Vapeurs und Kopfschmerzen, schmauset,
macht wieder Anstalten zur bevorstehenden Unordnung, vergißt dabey
Hausgeschäfte, Kinderzucht, verlernt Mäßigkeit und Genügsamkeit, und
macht sich das Ausschweifen so zur Nothwendigkeit, daß man immer
fürchtet, die Freudenfeste möchten zu frühe ein Ende nehmen. Es ist
sicher keine gute Vorbedeutung, wenn unmäßige Lustbarkeiten einem Staate zur Nothwendigkeit geworden sind, und gleichwie man
von einem Körper, der immer des Medizinirens bedarf, behaupten kann,
daß er kränkle; so läßt sich von einem Staate, in dem ewige Zerstreu-
ungen, Ergötzungen und gelärmvolle Lustbarkeiten Bedürfniß sind, schlie-
ßen, daß er in einer bedenklichen Lage schwebe.

　　　　　　　　　　C　　　　　　　　　　Alles

* Sallustii Catilina.

Alles kömmt auf das Maaß und die Art der Volksluſtbarkeiten an. Sie ſollen Erholungen ſeyn von Geſchäften, nie aber die den Geſchäften gewidmete Zeit einnehmen. Sie ſollen den arbeitſamen Mann nach ſeinem müheſamen Tagewerke aufheitern und ſtärken, aber ihn nie zum Müßiggange und Wohlleben verleiten. Mißbrauch allein macht, daß der Menſch in den beſtgemeynten zu ſeinem Vergnügen abzielenden Anſtalten Verderbniß findet.

Da eben vom Mißbrauche, den man von den Volksluſtbarkeiten machen kann, die Rede iſt; ſey es mir erlaubt, im Vorbeygehen von einer ſchiefen Anwendung, die eine machiavelliſtiſche Politik gemacht hat, Meldung zu thun. Es hat Zeiten gegeben, wo die öffentlichen Vergnügungen das unſelige Vehikel ſeyn mußten, um einem Volke in einer überzuckerten Doſis die Unterjochung weniger eckelhaft und die Sklavenkette weniger fühlbar zu machen. Tiber, Caligula, Claudius, Nero, Commodus, Caracalla bothen alle Arten von Unterhaltungen und Vergnügungen auf, um den ſchwachen Reſt des dahinſterbenden Römermuthes deſto eher zu unterdrücken. Dieſe, des römiſchen Cäſartitels unwürdigen Despoten, erſannen die ebentheuerlichſten Arten von Schauſpielen und Ergötzungen, um das unruhige Volk für die geraubte Wahlfreyheit einigermaßen ſchadlos zu halten. Oft führten ſie ſelbſt — dieſe Erdegötter — die Harlekinade an, ſtellten Poſſenreißer vor, traten in den Kampfplatz, unterhielten den angaffenden Pöbel, * und freuten ſich, wenn niedrige Seelen ihnen Beyfall zulächelten, während dem der edlere vom Geiſte ſeiner Ahnen beſeelte Römer im Stillen knirſchte, und dem Sänger und Tänzer im Purpur fluchte. Daraus läßt ſich auch erklären, warum bey dem Tode dieſer gekrönten

Wüt-

---

* Suetonii Vitae XII. Caeſarum.

Wütheriche, da so viele rechtschaffene Männer frolockten, noch immer Leute genug waren, die sie beweinten und vom Grabe zurückwünschten. *
Das niedrige Gesindel war nämlich ängstig, ob der Nachfolger wieder
ein so trefflicher Gaukler seyn würde. Auch in spätern Zeiten hat man
dieses kniffische Mittel nicht außer Acht gelassen. Während dem man
im Innern der Cabinete Plane zu großen Unternehmungen schmiedete,
warf man dem Volke Puppen vor, mit denen es spielen und sich unterhalten sollte. Archenholz erzählet, * * der Gedanke eines italiänischen
Fürsten, der dem Pöbel öfters Belustigungen gab, wäre sehr politisch
und nothwendig, um das Murren des Volkes in etwas zu stillen, das
ihn wegen seinen unterdrückenden Monopolien recht von Herzen haßt.
Doch der Vorsehung sey es gedankt! Die Zeiten, wo die Staatskunst
zu solchen Kunstgriffen ihre Zuflucht nehmen mußte, sind vorbey, und
wir können uns ohne kummervolle Furcht dem Vergnügen, das uns gute Fürsten gönnen, frey überlassen.

Ich habe nun von den Volkslustbarkeiten im Allgemeinen
gesprochen; der Vollständigkeit wegen soll ich auch von einzelnen Arten derselben reden. Ich kann aber für itzt nichts thun, als bloß
einige im Vorbeygehen berühren, nämlich — Tanz — Musik —
Theater — Spiele.

Der Tanz war in jedem Jahrhunderte und bey jedem Volke der
körperliche Ausdruck des gesellschaftlichen Vergnügens. Es möchte bey

nahe

---

* Confiderations fur les Caufes de la Grandeur des Romains et de leur Décadence par
M. de Montefquieu. Chap. XV.
  * * England und Italien V. Band. IX. Abschn. S. 74.

nahe scheinen, als hätte ihn die Natur dazu gestempelt. * Seele und Leib werden dabey in Thätigkeit gebracht, so, daß jeder innern Empfindung eine äußerliche Bewegung entspricht. Wenn man die Geschichte durchgeht; so wird man nicht leicht ein Freudenfest, nicht leicht eine Feyerlichkeit ohne Tänze finden. Sogar bey gottesdienstlichen Ceremonien haben sehr viele Völker Tänze angebracht. Der gottesfürchtige David führte die Bundeslade unter Gesang und Tanz in Jerusalem ein. * * In spätern Zeiten verfiel man freylich in mancherley Mißbräuche. Man wollte die Lustbarkeiten mit den Religionsceremonien zu genau verbinden, und begieng dabey große Ungereimtheiten, an denen aber die Religion selbst keinen Antheil hatte, und die das Oberhaupt der römischen Kirche immer laut mißbilligte und verdammte. * * * Im ganzen genommen ist der Tanz eine Art von Belustigung, bey der sich in der Seele der Geschmack am Schönen und Anständigen, in dem Körper die Gelenkigkeit und Hurtigkeit der Glieder entwickeln und vermehren kann; und so lange mit selbem eine mäßige Bewegung und sittlicher Anstand in Geberden verbunden ist, mag er für die Gesundheit und die Sitten ziemlich unnachtheilig seyn. Aber seitdem schweißvergießende Sprünge und wilde Ungezogenheit des erstarrten Nordländers auf

deut=

---

* Leçtres sur la Danse et sur les Ballets par M. Noverre, à Lyon. 1760.

* * 2. Buch der Könige, VI, 14.

* * * La fête des fous, celle des ânes etaient etablies dans la plûspart des églises. On créait aux jours solemnels un Evêque des fous: on faisait entrer dans la nef un âne en chappe et en bonnet quarré. Les Danses dans l'eglise, les festins sur l'autel, les dissolutions, les farces obscénes etaient les ceremonies de ces fêtes, dont l'usage extravagant dura environ sept siecles dans plusieurs diocéses. Mais Rome a toujours condamné ces coutumes barbares.

Essai sur l'histoire generale. Chap. XXXV.

deutſchen Boden verpflanzt ſind worden; ſeit dem die Zügelloſigkeit und
Frechheit immer mehr Macht über Sittſamkeit und Artigkeit zu erringen
trachtet; ſind ſchon oft nicht bloß fürchterliche Krankheiten, ſondern
auch ausgelaſſenere Sitten im Gefolge des Tanzes eingetreten. Manches Kind der Schönheit iſt ein Opfer der unbändigen Freude gewor-
ben, und war der Schlag nicht immer gleich tödtlich, ſo welkte doch
ihre Geſtalt im Frühlinge des Lebens dahin. Manches züchtige Mägdchen entäußerte ſich da das erſtemal ſeiner ſchamhaften Schüchternheit,
und ward ſo ſtuffenweiſe zu mehreren Freyheiten vorbereitet. So ſchlürft
manches unerfahrne Geſchöpf im Taumel des Vergnügens den Becher
des körperlichen und ſittlichen Verderbens hinein. Denjenigen, die über
das Wohl und Wehe der Menſchen wachen, ſey es überlaſſen, den
Ausſchweifungen und den nachtheiligen Folgen des Tanzes Einhalt zu
thun!

Noch inniger iſt die Muſik, die unzertrennliche Begleiterinn des
Tanzes in Feyerlichkeiten und Luſtbarkeiten verwebet. Wer kennet nicht
ihre unbegränzte Macht und ihren großen Einfluß in das Sittliche? Wer
weis es nicht, daß ſie eben ſowohl Leidenſchaften einſchläfern, als aufwecken kann? * Geſetzgeber und Staatenſtifter ſahen ſie daher nie gleichgültig an, und wenn ſie aus manchem Lande unbarmherzig verwieſen
ward, ſo geſchah es, weil man ſie bloß von einer ſchlechten Seite kann-

te.

---

* L' harmonie a ſur nous des droits naturels, que nous voudrions en vain mécon-
noitre. La fable a dit, qu'elle arrêtoit le cours des flots. Elle fait plus, elle ſuſpend
la penſée: elle calme nos agitations et nos troubles les plus cruels; elle anime la valeur
et préſide aux plaiſirs.

Diſc. Sur les avantages des ſciences par M. Borde.

te. * Der scharfsichtige Polybius sagt, daß man die Musik vonnöthen hatte, um die Sitten der Arkadier, die ein rauhes und traurig ödes Land bewohnten, zu mildern, und daß gerade diejenigen Völker die grausamsten wären, die die Musik hintansetzten. Plato behauptet, daß mit jeder Veränderung der Musik auch eine Veränderung in der Staatsverfassung und im Charakter eines Volkes vorgehen müsse. Aristoteles, der so gern in politischen Grundsätzen dem Plato widerspricht, ist doch mit ihm über den Einfluß der Musik in die Sitten einig. Theophrast, Plutarch, Strabo und beynahe alle ältern Schriftsteller kommen hierinn zusammen. * * Hätten wir die Päane der Griechen noch, und wären wir umständlicher von der Musik der Alten unterrichtet; wir würden vielleicht über die Kraft, die darinn lag, erstaunen müssen. Auch in den Bardengesängen der nordischen Völker mag eine wunderwirkende Macht gesteckt haben. Eduard I. ein für seine Zeiten einsichtsvoller Mann ließ, nachdem er die Provinz Wallis unter sein Joch gebracht hatte, alle Barden dieses Landes umbringen, weil er sie für zu mächtig hielt, Freyheitsliebe und den kriegerischen Geist von neuem anzufachen. * * * Es kömmt Alles darauf an, was man durch Musik bewerkstelligen will. Durch sie können Weichlinge und Krieger gebildet, Liebe und Haß, Sanftmuth und Zorn, Traurigkeit und Fröhlichkeit, Feigheit und Herzhaftigkeit rege gemacht werden.

Eine

---

* Diodor sagt, daß die Musik bey Aegyptern verbothen ward, weil sie die Seele weich machen und entkräften kann. Aus dem nämlichen Grunde mag es seyn, daß auch die Araber — wie Niebuhr erzählt — die Musik und den Tanz für unanständig halten.

* * De l' Esprit des Lois par M. de Montesquieu Liv. IV. Chap. VIII. pag. 60. Edit. de Deux — ponts. 1784.

* * * Hume Hist. Of England. II, 67.

Eine andere Art von Belustigung, an der nun auch das Volk
Theil nimmt, gewähret die Schaubühne. Wenn es wahr ist, was
der verewigte König von Preussen sagt, * daß Deutschland vor sechszig
Jahren noch keine Opern, Tragödien und Comödien hatte; so wäre es
wohl der Untersuchung werth, ob Deutschland durch diesen neuen Zweig
von Unterhaltung an Sittlichkeit gewonnen oder verloren, und welcher
Einfluß vom Theater auf die Bildung der deutschen Nation sich
gezeigt habe.

In jedem Zeitalter hat die Dramatik ihre Freunde und Feinde,
Gegner und Vertheidiger gefunden. Da diese Kunst sich in den ersten
rohen Versuchen ankündigte, warf Solon schon einen Verdacht auf sie,
ob sie nicht Unheil in die Staaten bringen könnte, * * und wie dieser
weise Gesetzgeber den Atheniensern von den Farcen des geschmacklosen
Tespis viel Uebels prophezeyte; so hat der patriotische Rousseau nach
zweytausend Jahren den Genfern manche üble Folge von der französischen Schaubühne vorgesagt. * * * Man ist in diesem Punkte in die
wunderlichsten Widersprüche verfallen. In einigen Staaten ist die
Schauspielerkunst von der geistlichen und weltlichen Macht verfolgt, und
in andern von beyden in Schutz genommen oder wenigst duldend begüns-
stigt

---

* Hinterlassene Werke Friedrichs des II. Die Geschichte meiner Zeit. I. B.
85 S.

* * Plutarch im Leben des Solon.

* * * Man lese die feinen mit der artigsten Beredsamkeit vorgetragenen Gründe, die der Genferbürger dem grossen d' Alembert entgegengestellet hat. S. Lettre
de J. J. Rousseau à M. d Alembert sur le Projet d' etablir un Théatre de Comédie à Geneve.

stigt worden. * Armuth, beschimpfende und erniedrigende Begegnung war
der Antheil der größten Schauspieler in einem Lande, denen vielleicht
in einem andern Ehren und Schätze von allen Seiten zugeflossen wären. Garik und Olfids, denen in Paris vielleicht das gemeinsch-stli-
che Begräbnißort wäre verschlossen worden, ruhen zu London in der
Westmünsterabtey an der Seite der Könige und Newtone. Vielleicht
hat die Kunst selbst zu dieser verschiedenen Begegnung Anlaß gegeben;
denn da die Komik in Frankreich sich gar oft wie eine leichtfertige Dirne geberdete, vergaß sie in England nie ihre Grundbestimmung, daß
sie nicht bloß unterhalten, sondern auch bessern sollte. * * Es würde un-
nütze Weitläuftigkeit seyn, wenn ich Alles wiederholen wollte, was für
und wider das Theater kann gesagt werden. * * *. Das Resultat von
allen Beschuldigungen und Vertheidigungen dünkt mir endlich dieses
zu seyn.

Man ist darinn ziemlich einig, daß diese Art von Unterhaltung an
sich unsträflich sey. Man giebt sogar zu, daß das Theater, sobald es

eine

---

* Während dem man z. B. in Frankreich und anderen europäischen Staaten die
Schauspieler excommunicirte, wurden in Italien die meisten Schaubühnen mit dem
Namen eines Heiligen beehrt. So fand man in Neapel das Theater des heiligen
Karls, in Genua des heiligen Augustins, in Venedig des heiligen Angelo u. s. w.
S. Demeunier über Sitten und Gebräuche der Völker. II Band. XII Buch.
VII Hauptst. 198 S. nach der Uebersetzung von Michael Hißmann.

* * — Simul et jucunda et idonea dicere vitae.

*** Es ist über diesen Punkt ein ungeheurer Haufe Schriften seit mehr als einem
Jahrhunderte erschienen, z. B. *Della Moderazione christiana del Theatro, da Ottonell.*
Fiorema. 1645. 3. Vol. 4. *Pensées sur les spectacles par Nicole. Lettre de M. Greffet sur la
Comedie.* Paris. 1759. *VIIme Volume de l' Encyclopédie.* Art. Geneve etc. Was man aber bey-
nahe in allen bemerkt, ist, daß der Schauspielerkunst viel Uebels aufgebürdet wur-
de, was man bloß denjenigen, die die Kunst trieben, hätte aufbürden sollen.

eine zweckmäßige Einrichtung erhält, nützlich und bloß durch Mißbräuche gefährlich werden könne. Auf einer Seite gesteht man, daß es zu
größerem Unheil Anlaß geben könnte, wenn man die Schaubühne in
manchen Orten aufheben wollte, wie z. B. in großen Städten, wo es
viele müßige und arge Leute giebt, die auf bösartige Zeitvertreibe verfallen würden, die also, wenn sie auch vom Theater nicht viel gebessert
zurückkehren, doch an der Ausführung ihrer bösen Anschläge gehindert
werden. Man behauptet aber auch zugleich auf der andern Seite, daß
es Orte geben könne, wo die Aufnahme einer Schauspielergesellschaft
großen Schaden anrichten könnte, dergleichen jene Städte sind, die der
edlen Natureinfalt anhangen und vom Geiste der Industrie, Gewerb-
samkeit und Häuslichkeit belebt werden; die den theatralischen Luxus, die
verfeinerten Leidenschaften, die verwickelten Kunstgriffe und viele andere
Gegenstände der Bühne noch nicht kennen, die die Tugend und Rechtschaffenheit lieben, ohne daß sie ihnen auf der Bühne liebenswürdig vor-
gestellt werden müsse. *

Vorausgesetzt, daß die Schaubühne in einem Orte wie immer schon
wirklich eingeführt sey; so frägt sich: wie kann sie nützlich und ein
Beförderungsmittel guter Sitten werden? — Unterhaltung des Geistes und Bildung der Sitten ist ein Hauptzweck einer gut eingerichte-

D

ten

---

* Dieß ist einer von den Hauptgründen, mit dem Rousseau die Einführung des
Theaters in Genf bestritt, und Meiners, der nach R. Tode diesen Freystaat be-
suchte, stimmt in den Ton dieses Philosophen ein: Wahrscheinlich, sagt er, werden es diejenigen Familien, welche die Vergnügungen des Theaters zu
goldenen Ketten ihrer Mitbürger zu machen gedachten, am ehesten be-
reuen, daß sie Verderber und Verderberinnen ihrer Söhne und Töchter
in die Mauern von Genf aufgenommen haben. Chr. Meiners Briefe über
die Schweiz. II. Th. 3 Brief. S. 200.

ten Schaubühne. Wenn sie also den Charakter der Tugend in das helleste Licht stellt, und ihm die reizendesten Farben auflegt, so, daß jeder Zuseher zur Liebe und Nachahmung derselben hingerissen wird; wenn sie dem Laster die Larve der Heucheley wegreißt, den Bösewicht nicht nur dem Spotte, sondern der lauten Verachtung und Schande bloß stellet: so leistet sie der Sittenlehre große Dienste, und der Mann, der durch sein Stück zuwegebringt, daß man vergnügt und gebessert von der Bühne zurückekehrt, verdient Thaliens Liebling zu seyn.

Vieles kömmt hier auf die Auswahl des Sujets, und noch mehr auf die Bearbeitung desselben an. Sollten edle Begebenheiten der Vorältern, die auf unserm Boden vorgegangen sind, nicht ungemein viel Anziehendes und Lehrreiches für die Nachkömmlinge haben? * Sollten einzelne Familiengeschichten mit den feinen Zügen des häuslichen Lebens dargestellt, nicht interessant für die Bühne werden können? * * Sollte die Komik nicht manches Vorurtheil, das öffentlich dem Gelächter preisgegeben wird, auf eine feine Art aufheben, oder doch unwirksamer und seltener machen können? —

Der

---

* Gut behandelte Stücke aus der vaterländischen Geschichte können viel zur Ausbreitung und Verstärkung des Patriotismus beytragen. Die größten Dramatiker Griechenlandes zogen das Sujet zu ihren Stücken aus Nationalvorfällen ab, und bearbeiteten sie mit ihren Meisterkräften, die wir noch itzt bewundern. Der Britte sieht auf seiner Bühne Begebenheiten, die in seinem Lande vorgiengen, mit dem theilnehmendestem Vergnügen, und der Nationaldichter läßt die Helden seines Stückes, mit allen Schwachheiten und Vorzügen, in ihrer wahren Gestalt, auftreten. Auch die Schweizer geben ihrer republikanischen Denkungsart durch Aufführung der Nationalstücke von Zeit zu Zeit neuen Schwung.

* * Die Aufführung einiger sogenannten Familiengemälde z. B. Der Vetter aus Lisabon von Schröder, und Nicht mehr als sechs Schüsseln von Großmann hat gewiß so viel gefruchtet, als das witzigste Stück, das vom französischen Theater auf das Deutsche verpflanzt wurde.

Der herrlichſte Lorber, den die Litteratur je austheilen kann, war-
tet auf den Dichter, der als ein aufmerkſamer Beobachter der Sitten
ſeines Landes ſeine Talente zur Bekämpfung der ausgebreiteteſten
Laſter verwenden würde; der mit unerſchütterlichem Muthe manchen Un-
fug, der ungeſcheut dem Tageslichte trotzet, und am meiſten um ſich
frißt, in der ſchädlichen Geſtalt darſtellte; der mit männlicher Entſchloſ-
ſenheit den Großen und Mächtigen dieſer Erde manche Wahrheit,
die man ihnen ſonſt ſo ſelten beybringen kann, im theatraliſchen Kleide
vorſtellte; der auch auf der Bühne den Sachwalter der Unſchuld und
Dürftigkeit machen, und den unterdrückenden Stolz und Reichthum mit
ariſtophaniſcher Laune züchtigen wollte.

Auch die eigentlich ſogenannten Spiele rechne ich zu öffentlichen Unterhaltungen, ob man ſie ſchon zu Privatzeitvertreiben hinziehen
kann. Wer über den Einfluß derſelben ins Sittliche urtheilen will, muß
ehevor die Art des Spieles und die Umſtände der Spielenden unterſuchen. Einige Spiele haben beſondere Reize für den Eigennutz, andere
für den Geſchlechtstrieb, wieder andere helfen bloß der langen Weile
ab. Die meiſten reizen hauptſächlich dadurch, daß ſie eine leichte und
durch oftmalige Abwechslung unterhaltende Beſchäftigung gewähren, eine Beſchäftigung für die Sinne, für die körperlichen Kräfte, für die
Phantaſie und für den Verſtand. Wenn man bedenkt, wie tief der
Beſchäftigungstrieb in der Seele haftet, welch ein marterndes Gefühl
es um die lange Weile iſt; ſo wird man leicht inſehen, daß viele Menſchen, die ihre müßigen Stunden nicht anders auszufüllen wiſſen, in einer dringenden Nothwendigkeit zu Spielen ſich befinden. Das Spiel
fodert Geſellſchafter. Man verſammelt ſich nun zu feſtgeſetzten Stunden, und das, was ehemals Mittel gegen die lange Weile war, wird

Ge-

Gewohnheit, wird Bedürfniß. Es ist auch bis itzt noch keinem Sittenlehrer beygefallen, die Spiele überhaupt als unsittlich zu erklären.
Nur ist manchem der Wunsch entfahren, daß gewisse Gattungen von
Spielen vollkommen untersagt, die Summen, die von den Spielern gegen einander preisgegeben werden, bestimmt, und, um der Gewinnsucht
Einhalt zu thun, so viel möglich heruntergesetzt, daß Leute, die das Spielen gleichsam als ihren Beruf oder ihr Handwerk ansehen, zur Arbeitsamkeit angehalten, und daß überhaupt so vielen schädlichen Folgen vor-
gebeugt, und unzählige Mißbräuche oder Ausschweifungen verhütet würden. * Ist nicht die Spielsucht oft der unermeßliche Schlund, in dem
das Vermögen ganzer Familien begraben liegt? Setzt nicht Mancher
beym Spielen, nachdem er sein Geld dem Ohngefähr bloß gestellt hat,
seine Ehrlichkeit in Gefahr? Verschleudert nicht mancher Geschäftsmann
seine Zeit, seine Ruhe, seine Gesundheit, und vergißt die heiligsten Pflichten? Nur gar zu oft wird das Herz des Menschen auch mit verdorben.
Denn sind nicht Gewinnsucht, tückisches und verdrehtes Wesen,
Falschheit Arglist, Doppelzüngigkeit, Schlauheit, Mißtrauen
u. s. f. Züge, die man im Charakter spielsüchtiger Leute vielfältig antrifft?
Es kann also diese Art von Unterhaltung weder für den Sittenlehrer
noch für den Staatsmann gleichgültig seyn, und die vielen Gesetze,
die über diesen Gegenstand, auch in unserm Vaterlande, * * erschienen

---

* Die Gesetze, sagt ein Franzos, sollten den Spieler von Profession ehr-
los machen, man sollte ihnen Karten an den Hals und Würfel an die Oh-
ren hängen, sie so auf den Markt führen, dort sollten sie Pikett spielen und
der Henker ihnen die Karten geben. Figaro's Reise nach und in Spanien.
II. Th. Leipzig. 1786. S. 53.

* * Man lese die herrliche Polizeyordnung 1616. Buch. V. Tit. VIII. die Verordnungen vom 28 Jän. 1736. vom 28 Aug. 1747. vom 6 May 1770. vom 8 Jän. 1773.

nen sind, mögen einen deutlichen Beweiß abgeben, daß die Väter des
Vaterlandes selbe nie für gleichgültig angesehen haben.

*   *   *

Wollte man allgemeine Bemerkungen über die Volksbelu-
stigungen sammeln; so würde uns die Geschichte lehren, daß sie verschieden waren nach Verschiedenheit des Himmelsstriches, der Regierungs-
form, der Nationalerziehung, der Religion, der Cultur; daß die Gewohnheit und die Beyspiele großen Einfluß auf Beybehaltung oder Ab-
änderung derselben äußerten; daß selbst das nämliche Volk nach vorge-
gangenen Veränderungen im politischen oder sittlichen Zustande seinen
Geschmack in Vergnügungen abgeändert habe. * Menschenbeobach-
tung würde uns auf die Vermuthung bringen, daß jedes Volk bey öffentlichen Lustbarkeiten seinen Nationalcharakter in gewissem Verstande
zur Schau ausstelle. Bey den Vergnügungen der Engländer blickt Patriotismus, Freyheitsliebe, Trübsinn, Ernsthaftigkeit, Großmuth, mit
einem Worte, eine gewisse Originalität durch, manchmal läuft auch eine Gattung von Whims mit unter. * * Einige Völker Italiens, sagt
Schaftesbury, * * * beweisen sich bey ihren freyen Gesellschaften, auf
ihren Schaubühnen, und Belustigungen als die größten Possenspieler.

D 3

Auch

---

    * Da die Völker noch roh und uncultivirt waren, schränkten sich ihre Ver-
gnügungen bloß auf das Sinnliche ein; oder so wie ihre Lebensart sich verfeinerte,
wurden auch ihre Vergnügungen verfeinert. Welch ein Unterschied zwischen den
Volksfesten der alten und heutigen Deutschen! Trunkenheit allein könnte vielleicht
ein Zug seyn, den man bey den öffentlichen Belustigungen der Söhne Tuiskons
in ältern und neuern Zeiten antrifft. Tacitus de mor. German. XXII. XXIV. Kap.
Schmids Geschichte der Deutschen I. B. ältere Geschichte.

    * * Archenholz England und Italien.

    * * * Philosophische Werke. 1. Th. S. 92.

Auch der Deutsche giebt bey der Auswahl der Belustigungen an Tag, daß er allerdings original seyn könne, aber doch lieber den Ausländern nachäffen und von ihnen die Modele zu Unterhaltungen entlehnen wolle.

Es wäre hier der Ort über eine zweckmäßige Einrichtung der öffentlichen Lustbarkeiten Vorschläge zu machen. Allein, da ich nur gar zu wohl einsehe, wie viele Kenntnisse erfodert würden, um hier im dreisten Tone zu sprechen; so wage ich's mit Schüchternheit bloß einige zerstreute Gedanken vorzutragen.

Eine gute Einrichtung der Volkslustbarkeiten setzt einen bestimmten Regierungsplan voraus. Es muß ehevor ausgemacht seyn, welche Art von Bildung einer Nation zuträglich sey, und welche ihr kann und soll gegeben werden. Dann — so wie alle Räder der Staatsmaschine zu diesem bestimmten Zwecke einpassen müssen — muß auch dieses große Triebrad, der Hang zu öffentlichen Vergnügungen, auf diesen hinwirken.

Ich nehme also an, es liege im Plane: daß Liebe zu gesellschaftlichen Tugenden, froher Sinn, Heiterkeit, Genügsamkeit, Liebe der Mitbürger gegeneinander, die sich in der Liebe zum Vaterlande und zum Regenten, als dem gemeinschaftlichen Brennpunkte, vereinigt, Hang zur Ordnung eingeführt; und zugleich der Hang zur Schwelgerey, zum Luxus, zum Wohlleben und Müßiggange bekämpfet werde. Die öffentlichen Lustbarkeiten müssen also nach diesem Plane so geleitet und eingerichtet werden, daß sie einerseits Beförderungsmittel des Guten abgeben, und andererseits vom Bösen so wenig als möglich angesteckt werden.

Wäre es nun nicht gut, wenn man einige Feste der Tugend widmen würde? Sollten öffentliche Feyerlichkeiten, bey denen die redliche

Den-

Denkungsart, die Uneigennützigkeit und Rechtschaffenheit belohnt würden, den Trieb zu edlen Handlungen nicht aufwecken können? * Das
bekannte Rosenfest zu Salenci könnte wenigst diesen Gedanken veranlassen, obwohl ich gerne zugebe, daß man wider die Einführung solcher
Feste Vieles einwenden könnte, wenn nicht gewisse Vorsichtigkeitsregeln
den Stifter so eines Festes leiten.

Warum haben wir dem Patriotismus so wenige Feyerlichkeiten
zugestanden? Könnten nicht manche Tage, die für unsere Ahnen Tage
des Ruhms und der Ehre waren, uns an ihren Edelmuth erinnern und
zur Nacheiferung aufmuntern? Die Engländer, bey denen die Nationalfeste allemal die herrlichsten sind, können hier abermals zum Muster
dienen.

Sollten nicht Volkslustbarkeiten in Gang gebracht werden können,
bey denen die so sehr bewunderte Gymnastik der Alten — wenigst in
schwachen Versuchen — hergestellt würde? — Diejenigen, die aus
der Geschichte wissen, was die Gymnastik einst gewirkt habe, werden
mir diesen Gedanken zu gute halten; oder sollte unser Zeitalter zu ver-
zärtelt seyn, als daß es an gefahrlosen Leibesübungen Geschmack fände?

Könnten denn die öffentlichen Lustbarkeiten keine solche Wendung erhalten, daß nach und nach ein feinerer Geschmack in Umlauf gebracht
würde? Die schönen Künste, die ohnedas zur Vermehrung der Volksvergnügungen gerufen werden, würden hier treffliche, ihrer Bestimmung

an-

---

* Il n'est point de plaisir qui dans les mains d'un gouvernement sage ne puisse de-
venir un principe productif de vertu, lorsqu'il en est la recompense.
C. A. H. de l' Homme. Sect. I. Chap. X.

angemeſſene Dienſte thun, und das Volk zur Liebe des Schönen, An-
ſtändigen und Edlen hinüberführen. *

Sollte man den Volksfeſten nicht eine andere Wendung geben können, daß bey Gelegenheit derſelben der Kunſtfleiß des thätigen Bürgers und die Arbeitſamkeit des gemeinen Manns aufgemuntert würde? „ In Perſien, „ ſagt Hyde, ** „ ordnete man ein ſeyerliches Feſt
„ an, bey dem der Ackerbau und der Landmann auf die ehrenvolleſte Art
„ ausgezeichnet wurden. Alle Jahre, an einem beſtimmten Tage legten
„ die ſtolzen Monarchen des perſiſchen Reichs ihren eiteln Pomp ab,
„ und mengten ſich unter die nützlichſte Klaſſe ihrer Unterthanen, unter die
„ Ackersleute. Man ſah an dieſem Tage Bauern, Satrapen und den
„ großen König vertraulich an einer Tafel ſitzen, und die Geſetze bewil-
„ ligten dieſe Ehre nur denen, die das Land bauten. „ * * * Man
rech-

---

* Es muß Vergnügen für jeden gefühlvollen Baier ſeyn, daß in unſerm Vaterlande die beſten Anſtalten zur Veredlung der Volksvergnügungen durch die Sorge unſers durchleuchtigſten Landesvaters gemacht worden ſind. Wir haben eine
Schaubühne, die in allem Betracht eine der Beſten in Europa iſt. Wir haben die trefflichſten Muſikconcerte, bey denen das Ohr des Kenners und Nichtken-
ners in Entzücken verſetzt wird. Wir haben die herrlichſte Bildergallerie, die gerade an einem Orte, das den gemeinſchaftlichen Vergnügungen offen ſteht, angelegt iſt, und ſo giebt es noch mehrere Anſtalten, die nebſt dem Vergnügen die Seele erheben und den Geſchmack bilden können.

* * De Religione Perſarum. Cap. 19.

* * * Wie ſchön iſt nicht die Rede in dem Munde eines morgenländiſchen Für-
ſten: Meine Kinder! Euerm Schweiß haben wir unſern Unterhalt zu verdanken; unſre väterliche Sorge verſichert eure Ruhe. Weil wir alſo einander wechſelweiſe nothwendig ſind, ſo laſſet uns einander als Gleiche betrachten, laſſet uns als Brüder lieben, und ſtete Eintracht müſſe unter
uns herrſchen.

rechne diese Einrichtung doch nicht unter orientalische Träumereyen; sondern überlege, ob nicht auch in unsern Tagen der arbeitsame Nährstand
auf ausgezeichnete Ehren oder Belohnungen Anspruch machen dürfte.
Soll der Mann, der eine gemeinnützige Maschine erfunden oder verbes-
sert, der Mann, der durch ein Kunststück die Ehre seines Vaterlandes
verherrlicht hat, nicht so viel verdienen, daß man bey öffentlichen Feyerlichkeiten seinen Namen kund mache, und das Werk seines Geistes und
seiner Hände zur Schau ausstelle, und so die Thätigkeit in Umlauf
bringe, und dem nachdenkenden Geiste neue Nahrung verschaffe?

Was die innere Einrichtung der Volksvergnügungen betrifft, glaube ich, daß Sittlichkeit bey selben stets als Hauptgesetz gelten müsse.
Wenn einerseits die Klugheit einem Regenten räth, daß er seine Aufsicht
bey Anordnung der öffentlichen Lustbarkeiten nicht auf Kleinigkeiten aus-
dehne; so fodert es andrerseits die Pflicht des Landesvaters, daß er dem
sittlichen Verderben, wenn es die gemeinschaftlichen Vergnügungen an-
zustecken beginnen sollte, wehre und vorbaue. * Alles also, was die guten Sitten beleidigt, soll durch die Gesetze davon auf immer verbannt
seyn. Unsittliche Tänze, zügellose Clubbs, niedrige Zottenspiele,
frechheitathmende Theaterstücke wären also für immer aufgehoben.

Oeffentliche Vergnügungen sollen auch, so viel es möglich ist,
wohlfeil seyn. Sind sie übermäßig kostbar; so trägt entweder der
Staat oder Privatpersonen die Kosten. Für beyde ist es höchst lästig,
und

E

* Die ganze Regierungskunst, sagt der edle der Menschheit zu früh ent-
rissene R. Caj. Filangieri, beruht auf einer richtigen aber schweren Mi-
schung von Aufmerksamkeit und Uebersehen, von Einmischen und Freyheit.
System der Gesetzgebung. II. B. XXI. Kap.

und es entsteht entweders im Finanzwesen des Staats oder im Hauswesen des Bürgers unnöthige Zerrüttung. Was soll man von manchen täuschend glänzenden Festen denken, die binnen einer Stunde eine halbe Million verzehren, und wobey der Unterthan, der am Ende doch die Kosten tragen muß, eine stille Thräne weint? Was soll man von Ergötzungen halten, bey denen Einer den Andern im Aufwande zu übertreffen sucht, so, daß Mancher, der am Abende des vergangenen Tages auf gut sibaritisch schwelgte, am Morgen des folgenden Tages mit der ganzen Familie sich an Brod und Wasser halten muß? Luxus, übermäßiger Aufwand, Schwelgerey sollen also von den öffentlichen Belustigungen wieder verwiesen werden, so wie sie sich zum Nachtheil des Vergnügens eingeschlichen haben. Ich sehe auch nicht, daß der übertriebene Flitterstaat, die stolze Kleiderpracht, und die Seele und Körper niederdrückende Schlemmerey zur Erhöhung gesellschaftlicher Freuden Vieles sollen beytragen können.

Nebenher wäre es zu wünschen, daß die Rangsucht bey öffentlichen Vernügungen ihre Ansprüche, wenigst auf einige Zeit, fahren ließe. Vielleicht wäre dieß ein Mittel, den stillen Neid und den verbissenen Haß, mit dem so viele Niedere auf die Höhern hinschielen, zu mildern oder auszurotten. Das Vergnügen des Niedern würde bey dieser vorübergehenden Täuschung gewinnen, und der Höhere würde durch seine Herablassung an wahrem Werthe Nichts verlieren.

Vielleicht würde es auch in vieler Rücksicht vortheilhafter seyn, wenn die Volkslustbarkeiten ordentlicher eingetheilet und nicht gleichsam auf eine Zeit zusammengehäuft würden. Unsere gutmüthigen Voraltern hatten ungleich mehrere Freudenfeste, als wir haben, und doch ungleich weniger Aufwand. Sie opferten den öffentlichen Belustigungen

das

das ganze Jahr hindurch das nicht auf, was ihre Nachkömmlinge oft auf einen einzigen Fastnachtstag verschleudern. * Wir haben uns, wenn wir es redlich gestehen wollen, von der Natur entfernet; darum fühlen wir auch die Rache dieser sonst guten Mutter an uns. Wenn wir unsre Lustbarkeiten aus den Folgen und Wirkungen beurtheilen wollen; so fällt das Urtheil wahrlich sehr ungünstig aus. Man betrachte doch die Leute nach einem Fastnachtstage oder Kirchweihfeste! Was soll der niedergesenkte Kopf, das verzerrte blaße Gesicht, die mißmüthige Laune, die unfreundliche Miene; was soll das Klagen, und die Un-

E 2   zu-

---

* Von den mancherley Ergötzungen unsrer Vorältern haben sich einige nur in schwachen Spuren erhalten, z. B. das im Anfange des Frühlings gewöhnliche Maybäumesetzen, wo ein ganzes Dorf seine gemeinschaftliche Freude über das Ausblühen der verjüngten Naturschönheiten ausdrückte; das im Anfange des Sommers gewöhnliche Feuerspringen; das vor dem Herbste übliche Aerntefest u. f. w. Beynahe möchte es scheinen, als wenn wir Einer der unnatürlichsten Volkslustbarkeiten zu Liebe alle anderen aufgeopfert hätten. Während des Winters, wo die Natur öde, und Himmel und Erde trübe ist, wollen wir die Freude mit Gewalt herzwingen; und im Frühlinge, wo sie uns mit offenen Armen entgegen eilt, gehen wir oft gefühllos und gleichgültig bey ihr vorüber. Das Lärmen und Taumeln zwischen vier Wänden behagt uns besser, als die Aufheiterung in der freyen Gottesluft. Und, wenns so fortgeht, wie weit wirds mit unserm Carneval, das wir immer verlängern wollen, am Ende noch kommen? — Wie, wenn ehmal Einer von der Mondenwelt durch Mongolfiers Luftschiff zu uns herabsegelte, und selbes ansähe, was würde er denken? Könnte er nicht auf den Wahn verfallen: Eine Art von Bachantenfieber habe einige Haufen in heiße Stuben zusammengetrieben, die sich nun beym Dampfe der vielfältigen Lampen, unter dem Gewühl von Rauch und Staube, durch die ermüdentesten Sprünge den Schweiß, der tropfenweis von der Stirne herabläuft, zu vermehren, und damit keiner, nach verlaufenem Taumel, dem Andern was übel auslegen könne, ihr natürliches Gesicht durch die unnatürlichsten Larven, die sonst Ekel und Grauen erregen würden, zu verstecken suchen.

zufriedenheit bedeuten? Wahrlich! Das sind nicht die Wirkungen reiner Naturfreuden! Wahre Freude läßt weit einen sanftern und wohlthätigern Eindruck zurück. Das gekostete Vergnügen, das solche Wehen verursacht, war sicher Täuschung, Träumerey, Berauschung oder gar — Gift.

Mit deucht, daß man sehr unsistematisch bey öffentlichen Vergnügungen zu Werke gehe. Man vermehrt und häuft die Täge der gemeinschaftlichen Lustbarkeiten, und setzt also den gemeinen Mann öfter in die Versuchung, daß er mehrere Zeit dem Müßiggange und Wohlleben widme. Durch das Beyspiel verführt, will er sich auch einen guten Tag machen, und hüpft und springt etwelche Stunden, wie wahnsinnig, herum. Die Folge davon ist, daß er dann entweders elend darben, oder wie das Vieh sich halb zu todt arbeiten muß. Wenn derjenige, der zu viele Würze unter die Speisen mengt, wenige Kenntniß in der Küchenphilosophie verräth; so dörfte man beynahe auch demjenigen nähere Einsicht in die Theorie der Vergnügungen absprechen, der die Belustigungen ohne Auswahl und Unterschied vermehren und anhäufen wollte.

Man vergebe mir, wenn ich hier gelegenheitlich ein Paar Wünsche vorbringe. Wie gut wäre es, wenn alle Menschen, die an den öffentlichen Freudenfesten Antheil nehmen wollen, zuvor im Innern der Seele Heiterkeit und Zufriedenheit herzustellen sich bemühten! Um wie vieles würde die gemeinschaftliche Freude ausgebreiteter, reiner, köstlicher und anhaltender werden, wenn wir zuvor die Grundlage, die Ruhe des Herzens und die Fröhlichkeit des Gemüths herzustellen verstünden! Die Freude, dieses edle Himmelsgeschenk, ist in dir, o Mensch! Sie ist eine Tochter der Nüchternheit und eine Schwester des stillen Genußes. Freylich könnte es geschehen, daß, wenn die Menschen die Kunst inne hätten,

in

in sich selbst, unabhängig von gesellschaftlicher Mitwirkung, die Fröhlichkeit zu erschaffen, und mehr Empfänglichkeit für die stille Herzenswonne besäßen; sie sich weniger zu geräuschvollen Zirkeln taumelnder Menschen hindrängen würden. * Sie würden in sich selbst das herrlichste Freudenfest finden. Und wer weiß es, ob ihnen aus dieser Naturquelle kein unversiegbareres Vergnügen zuströmte, als das, welches ihnen bey den erzwungenen und erkünstelten Ergötzungen zu Theil wird. Allein doch für jenen Fall, wenn sie je entweders mit Vorsatz oder durch's Ohngefähr an öffentlichen Festen Theil nähmen, würden sie die Würze des Vergnügens mitbringen, und hätten die Wesenheit der Freude schon vorbereitet. Die ungezwungene heitere Miene und die fröhliche Laune jedes einzelnen Gesellschafters würde allgemeine Freude und Munterkeit in der ganzen Gesellschaft verbreiten.

Ferners wünschte ich auch, daß wir den Werth der stillen Familienfreuden besser kennen und schätzen lernten! So viele Fröhlichkeit die öffentlichen Lustbarkeiten immer verbreiten; so würde doch Mancher im Schooße seiner Familie ein reineres, dauerhafteres, der Natur anpassenderes und nebenher weniger kostspieliges Vergnügen finden können. Warum legt man doch den Familienfesten so wenigen Werth bey? — Welch ein erheiternder Anblick, wenn ein betagter Greis mitten unter seinen Kindern und Enkeln die Stirne ausrunzelt, und die gebietherische Ernsthaftigkeit weglegt; wenn ihn seine Kinder die Stützen seines Alters umgeben; wenn die ungeschminkte Unschuld der Jugend und die biedere Aufrichtigkeit des grauen Alters sich bewillkommen! Wer könnte beym Anblick so eines Familienfestes gleichgültig seyn? Schienen wir dann nicht in das patriarchalische Zeitalter zurückgezaubert zu seyn? Ein Herz

E 3. flöße

flöße da so leicht in das andere über, und die Freude des Einen würde da im strengen Sinne die Freude des Andern. Da fiele alle ängstige, ceremonienvolle Vorbereitung weg, und der lästige Zwang träte zurück. Da setzte uns kein lauschender Beobachter in Verlegenheit. Da gäbe Natur, und nicht Mode den Ton an. Hätten wir mehrere dergleichen Feste; so würden die Familienbande bald enger und inniger werden! Bald würden unsre Häuser zu sanften paradiesischen Gegenden umgeschaffen, bald würde auch unsre Kinderzucht eine andere Wendung erhalten, und mehr Friede und Eintracht würde bey unsern Ehen blühen. Ueberhaupt: Wenn wir Vergnügen finden wollen, so müssen wir es auf denjenigen Wegen suchen, die uns die wohlthätige Mutter Natur angewiesen und vorgezeichnet hat.

Da ich heute so vieles von den Volksvergnügungen und Volksfesten gesprochen habe; so würde ich ganz gegen mein patriotisches Gefühl handeln, wenn ich das erhabenste Fest, das wir heute feyern, mit Stillschweigen umgienge. Das höchste Namensfest unsers durchleuchtigsten Landesvaters fodert alle redlichen Baiern und Pfälzer zur allgemeinen Freude auf. Tief aus der Seele eines jeden Unterthanen hebt sich der feurigste Wunsch empor, daß dieser Segentag noch recht oft für den besten Regenten und für alle treu gesinnten Unterthanen zurückkehre! Es ist der allgemeine Wunsch, der durch das ganze Land erschallet:

Es lebe der beste Landesvater

Karl Theodor!

Einige
zufällige Bemerkungen
über den
dermaligen Holzzustand in Baiern.
Veranlaßt durch die fast allgemeine Klage über Holzmangel.
Geschrieben
von Georg Anton Weltzenbeck Weltpriester, der sittlich- und landwirth- schaftlichen Gesellschaft in Burghausen Mitgliede.

Lange schon ist es eine laute Klage beynahe im ganzen Deutschlan- de, daß Mangel am Holze immer mehr um sich greife. — Män- ner von tiefen, gründlichen Einsichten im Forstwesen, und viel- jährigen Erfahrungen bothen ihren Kräften schon auf, die Quellen die- ses drückenden, und immer mehr um sich greifenden Uebels zu entdecken, und den wirksamsten Mitteln dagegen nachzuspüren. * Sie machten durch ihre Schriften und Bemühungen weise Regierungen aufmerksam, und in manchem Staate arbeitete man nach Kräften an den treffendsten An- stalten Mangel zu verhüten. Man hob Torf aus, man brachte Stein-

koh-

---

* Man lese hierüber unsers beständigen Vicepräsidenten Freyherrn von Hart- mann schon im Jahre 1779 im Drucke erschiene, geprüfte auf vieljährige eige- ne Erfahrungen gegründete Gedanken über den Gegenstand des Holzwesens, worinne derselbe die Urquellen des Holzmangels, dieses, leider! bey heutigen Ta- gen in manchem Staate eingerissenen Uebels, klar entdecket, und dabey gründlich bewiesen hat: Wie das Wachsthum des Holzes in Baiern ausnehmend befördert, wie der Holzanflug vermehret, und der ersprießliche Nachwuchs desselben für das ganze Vaterland glücklich hergestellet werden könnte.

kohlen an den Tag, man beförderte auf alle Weise die Pflege des Holzes, man erfand ökonomische Oefen, kurz, man versuchte alles, dem einreißenden Uebel zu steuern.

Alles jammert laut in unserem Vaterlande über den hohen Preis des
Holzes, der seit sechzig, oder siebenzig Jahren um zwey Dritttheile stieg,
und die meisten schreiben diese Theurung dem wirklichen Mangel am
Holze zu. Doch der hohe Peis allein beweiset noch keinen Mangel, und
es behaupten sogar einige, daß dieses Uebel in Baiern sich bisher noch
nicht wirklich so groß und allgemein finde, und daß demselben auch für
die Zukunft mit leichter Mühe und geringer Sorgfalt vorgebeuget werden könnte.

Ich bin weit davon entfernt, mich unter die Zahl jener Männer zu
setzen, welche ihre tiefen Kenntnisse von der Beschaffenheit des Vaterlandes und seines Reichthumes, oder seiner Bedürfnisse bereits durch
die gründlichsten Schriften erwiesen haben; doch, weil es in manchen
Fällen vortheilhaft ist, das Gesagte zu widerholen; so wage ich es, über
einen Gegenstand, dessen Wichtigkeit meine Kräfte übersteigt, meine
patriotischen Gedanken niederzuschreiben, die ich der Ueberlegung und der
Beurtheilung aller Sachkundigen, vorzüglich aber jener Männer empfeh-
le, derer Pflicht und Hauptgeschäft es ist, für die Erhaltung dieses unentbehrlichen innländischen Produktes zu sorgen, von welchem der be-
rühmte große Kammeralist von Justi saget, daß solcher die ernstliche
Aufmerksamkeit aller Regenten ganz sonderbar erfodere, und verdiene.

Mangel an einer Sache entstehet, wenn der Aufwand derselben
größer ist, als ihre Erzeugniß. * Man muß also, um über den Man-

gel

---

* Vorausgesetzt, daß die Zufuhr aus einem fremden Lande zwischen Aufwand
und Erzeugniß keine Proportion herstellt.

Autor.

gel des Holzes mit wahrem Grunde sprechen zu können, erst den wirklichen Holzgrund vermessen, seinen Stand beschreiben *, seine jährliche
Erträgniß und erfoderlichen Abgaben mit vieler Genauigkeit berechnen.
Man muß die Bevölkerung des Landes, die Menge der Herdstätte, der
Bräuhäuser, der Brennöfen, der Strassen und Wassergebäude wissen,
und den Aufwand des Holzes, den jede Familie, jeder Kessel, jeder Ofen
zu machen hat, berechnen, um endlich mit wahrem Grunde und mit un-
umstößlichen Beweisen darthun zu können, daß Mangel sey, oder werden müsse.

Doch eben diese nöthige Vermessung unserer Förste, die Beschrei-
bung ihres Zustandes und Nachwuchses, die Berechnung ihrer wirklichen und möglichen Erträgniß, dann erfoderlicher jährlicher Holzabga-
be, die Uebersicht der Volksvermehrung, des täglichen Anwachses an
Oefen und Feuerstätten, eben diese nöthigen genauen Kenntnisse unseres
Vermögens, und unserer Bedürfnisse sind es, die uns ganz fehlen. Daß
das Holz im nämlichen Verhältnisse sich vermindere, in welchem die Bevölkerung zunimmt, dieß wollen viele behaupten * *; ob und wie sehr

F

aber

---

* So lange nicht alle Förste, Holzgründe, und Schläge ordentlich geometrisch
abgemessen, und darüber zuverlässige, vollständige Plane verfasset sind, worinne derselben Lage, Beschaffenheit, Güte des Wachsthumes, oder die Hindernisse
desselben nach vorheriger reifer Untersuchung genauest angemerket werden, und sohin über solche ein ordentliches Lagerbuch verfasset wird, eben so lange wird man
nicht dem da und dort einreißenden Holzmangel gedeihlichst steuern, und das Uebel
gänzlich heben können; weil man auf diese Weise aus Mangel aufgeklärter Einsicht
in jede Localumstände die eigentlichen Urquellen desselben genüglich zu prüfen, und
die Fehler allgemein zu verbessern, niemal vollkommen fähig seyn wird.

* * Absonderung der Familien von Familien scheint wohl eine Hauptursache eines größern Holzaufwandes zu seyn; aber daß sich das Holz im nämlichen Verhält=
nisse

aber dieſe in unſerem Vaterlande noch wachſen dörfe, ohne Holzmangel
zu verurſachen, iſt mir der eben geſagten Urſachen wegen unmöglich zu
beſtimmen. Ich muß es hier anmerken, daß ich allgemeinen Holzmangel von dem Mangel, den einige Ortſchaften leiden, und von dem Mangel an einigen Holzarten unterſcheide, und dieſen den ſpecialen, jenen
den lokalen nennen möchte.

Der hauptſächlichſte Beweis, wie ich ſchon ſagte, mit dem man
den allgemeinen Mangel darthun will, iſt immer der hohe Preis, der
ſeit 60 bis 80 Jahren um zween Drittheile ſtieg. Nicht nur die Verſi-
cherungen unſerer Greiſe, auch Rechnungen beweiſen dieß. Man bezahl-
te damals für das Klafter weichen Holzes auf dem Stocke 30 Kr., und
jetzt kömmt es im nämlichen Zuſtande auf 1 Fl. 30 Kr. Wir dörfen
aber nur die Preiſe anderer Produkte betrachten, und wir werden eben
ſo viele Urſache haben, über ihr Steigen zu ſtaunen, ohne deßwegen auf
Mangel ſchließen zu können. Es ſind der Jahre ſo viele nicht, wo man
das Schäffel Getreid von der Tenne des Landmanns für 3 oder 4 Fl.
wegführen konnte, das man jetzt kaum für 12 Fl. bekömmt. Es ſind
der Jahre ſehr wenige, wo das Schäffel Haber nicht 2 Fl. koſtete, das
man jetzt um 5 bezahlt, wer wird es aber wohl behaupten, daß wir
Mangel an dieſen Produkten haben? Alle Produkte ſteigen verhältnißmäßig, und der hohe Preis liegt nicht in einem abſoluten Mangel der
Dinge, ſondern hauptſächlich in der Vermehrung des Geldes, als
Waare betrachtet, da uns die häufigeren Bergwerke häufigern Stoff
liefern, in dem Luxus unſerer Zeit, der jeden anſpornt, koſtbarere, obgleich

---

niße vermindre, in welchem die Bevölkerung zunimmt, davon kann ich mich nicht
überzeugen.

Autor.

gleich unhaltbarere, Kleider sich anzuschaffen, seinen Gaum mit niedli-
cheren Speisen, und kostbareren Getränken u. d. g. zu kitzeln.   Wo
müßte man Holzmangel wohl eher bemerken, als bey unserem Salzwesen, und in unserer Hauptstadt München, die von Bräu- und Bä-
ckerstätten dampft, und vor Menge der Zimmeröfen raucht?   Doch!
nie noch hinderte Holzmangel den Salzsud, nie noch fror es einen
Menschen, weil es kein Holz giebt; vielmehr brennt man dort wie
hier die ausgewachsensten Stämme, und hofft sie wohl noch auch in
der Zukunft zu brennen.   Freylich ist Holzmangel nicht so kennbar wie
Mangel am Getreide im Falle eines Mißwachses; aber würde der er-
fahrne Landmann oder der wuchernde Innhaber vieler Gehölze nicht
lauten Lärmen schlagen, nicht den Holzpreis über alles Verhältniß erhöhen, wenn er Gefahr eines künftigen, allgemeinen Mangels wähnen könnte? Er, der auch schon beym ersten Anscheine eines Mißwachses, eines
Mangels den Werth jedes Produktes willkührlich erhöht.   Träffe Mangel nimmer ihn selbst, so würde er doch ganz gewiß jetzt schon alle Vortheile benützen, die ihm die Umstände der Zeit gewährten; er würde den
Mangel weit größer machen, um das, was er verhandeln kann, in einem höheren Preise anzubringen.   Aber noch immer steigt der Werth
des Holzes verhältnißmäßig mit dem Preise aller andern Produkte fort.
Die Ausreutung eines Holzes, die bis zum Mangel, und Abgang sichtbar wird, ist nicht das Werk einiger wenigen Jahre, und eben deßwegen, weil viele Jahre erfodert werden, so wächst immer wieder vieles
nach. Es kann zwar nicht geläugnet werden, daß hie und da unordent-
liche und schädliche Holzfällungen sowohl aus Nothdurft als aus eigen-
nütziger Untreue, manchmal auch aus zu weniger Einsicht vorgenommen
werden; doch diese Fälle sind zum Glücke nicht so häufig, als daß sie

F 2   für

für das Ganze von schädlichen Folgen seyn könnten. So reden jene, die sich immer von der Zukunft alles Gute versprechen, doch läugnen sie nicht, daß wir Mangel haben an Eichen, am Bauholze, im Unterlande auch wohl selbst an Buchen, und nicht selten an Bircken.

Ich bin nicht gesinnet, diese Gründe jetzt zu widerlegen, ich will es vielmehr versuchen, die Ursachen des Holzaufwandes vorzutragen, dann aber zu betrachten, welche Sorge, welche Mittel, und Anstalten zur Erhaltung, zum Nachwuchse und zur Pflege des Holzes angewendet werden, und jedem die Entscheidung dieser Frage frey überlassen. Doch muß ich auch da nochmal erinnern, daß ich diesen Gegenstand nicht mit jener Gründlichkeit, die ich wünschte, zu behandeln vermögend sey.

Wenn wir unser Vaterland, so wie es heut zu Tage ist, in seiner dermaligen Kultur gegen jene ferneren Zeiten betrachten, so wird uns gewiß der Anblick eines verbesserten Anbaues mit Freude erfüllen; aber der, der es weis, daß vieles Gute dieser Welt manchmal zugleich Quelle des Uebels werde, dem wird auch der Nachtheil, der mit der zunehmenden Bevölkerung und mit dem wachsenden Anbaue eines Landes in verschiedenen Rücksichten verknüpfet ist, nicht unbemerkt bleiben. Blühende Gärten, lachende Wiesen, fruchtbare Aecker beglücken, und erfreuen jetzt dort eine ungeheure Menge geschäftiger Menschen, — dort, wo ehemals im finstern Walde zu wilden Thieren Menschen entflohen, und in düsterer Einsamkeit der fromme Mönch seine heiligen Psalmen sang. Wildnisse, die die Sonne nicht durchschaute, wo der Bär brummend seine Höhle sich grub, wo der Eber ungestört sein Lager sich aufwühlte; — diese Wildnisse sind jetzt herrliche Fluren, der Wohnort arbeitender Menschen; und wo dereinst kaum eine Familie sich kümmerlich nährte, da sammeln jetzt tausend Menschen die reichlichsten Früchte der

Erde,

Erde, und verhandeln ihren Ueberfluß dem Fremdlinge; tausend prächtige Gebäude erheben sich jetzt da, wo ehemals kaum eine niedere Hütte stand, wo die Fichte und die Eiche der freyen Erde entwuchs, die jetzt als Balken die stolze Last unterstützen. Doch! wir haben nicht nöthig in jene grauen Zeiten zurückzublicken, wo unser Vaterland in ungeheuern Förſten ſtarrte, wir dörfen nur ein Paar Jahrhunderte zurückesehen, um das Wachsthum der Bevölkerung und Kultur zu unserm Erstaunen wahrzunehmen. Im Jahre 1557 zählte man 29036 Höfe, im Jahre 1777 waren 31585, ſie vermehrten ſich folglich in 227 Jahren um 2549. Damals zählte man nur 380 Schlöſſer, jetzt finden ſich mehr als 2149 churfürſtilche und ſtändiſche Gebäude in Baiern. Mehr, dann 800000 Menſchen bewohnen jetzt ein Land, wo ehemals kaum die Hälfte wohnte. * Ob nun gleich Baiern lange ſo viele Bewohner nicht zählt, als es bey einer guten Kultur nähren könnte, und ob gleich das Holzland bey einer beſſern Pflege und Sparſamkeit noch für weit mehr Menſchen hinreichen dörfte; ſo kann man doch immer von dem Wachsthume der Bevölkerung, die noch ſtets ſteigt, auch auf das Wachsthum des Holzaufwandes ſchließen. Je mehr der Menſchen werden, deſto mehr werden auch Wohnungen, und je höher die Bevölkerung ſteigt, deſto höher ſteigt auch mit ihr die Liebe zur Bequemlichkeit, zur Pracht und Verſchwendung. Wenn wir nur die Vermehrung der Höfe bedenken, auf jeden Hof ein Gebäude rechnen, und dieſen noch die herrſchaftlichen Gebäude beyſetzen, ſo haben wir in einem Zeitraume von zwey Jahrhunderten ſchon einen Zuwachs von 4318 Gebäuden. Welch eine Menge der ſchönſten Stämme wurden dazu gefällt? Noch auffallender wird uns dieſer Aufwand, wenn wir das eilige Emporſteigen neuer Privatgebäu-

F 3   de,

_____

* Weſtenrieders pfalzbaieriſche Geographie.

de, die unaufhörliche Vergrößerung neuer Städte und Märkte betrachten. Ein Blick auf unsere Hauptstadt, die rings umher mit einer Menge neuer Gebäude pranget, wird uns davon überzeugen. Betrachten
wir ferners die Menge der Gärten, berechnen wir den Holzaufwand auf
die hohen Blanken, auf die grünen Tauben, gewölbten Schattengänge
und die unterhaltenden Sommerhäuser, die sich mit jedem Frühlinge vermehren, nur gar zu oft mit dem sterbenden Jahre dahinstürzen, und sich
wie die Zeit erneuern.

So wie sich die Gebäude vermehren, eben so und noch mehr wächst
die Anzahl der Herdstätte, der Oefen; denn das nämliche Bedürfniß,
das den Menschen zwingt in Wohnungen sich zu flüchten, nöthigt ihn
auch diese zu erwärmen, und wenn es gleich nicht eigentliches Naturbedürfniß zu seyn scheint, mit warmen Speisen sich zu nähren; so ist doch
nun einmal gewiß diese Gewohnheit, die Jahrtausende durch unter dem
ganzen Menschengeschlechte schon herrscht, zur zwoten Natur geworden. *
Dazu nimmt man aber bey uns nichts als Holz, da man hingegen in
andern Ländern eifrig darauf bedacht ist, dieses Bedürfniß durch andere brennbare Materien zu befriedigen. Der Aufwand, den jede Herd-
stätt fodert, ist zwar verschieden, und es läßt sich daher auch keine sichere Berechnung machen. Ich will aber für alle ein gleiches Maaß an-
nehmen, und für jede einzelne eine in die andere gerechnet 10 Klafter
jähr-

* Wie, wenn es nicht Naturbedürfniß wäre, daß sich junge Leute, von zwan-
zig, dreßig Jahren im Winter ihre Zimmer heizen ließen? Die Folgen in Rücksicht auf Holzersparung würden beträchtlich seyn; und dann käme es nur auf eine
gute Erziehung unsrer Nachkömmlinge, d. i., auf Abhärtung ihres Körpers u.
s. w. an.
Euler.

jährlich ansetzen; so macht dieß von 193456 Herdstätten, worinn doch gewiß noch nicht alle enthalten seyn dörften, und worinn die obere Pfalz nicht eingeschlossen ist, eine Summe von 1934560 Klaftern, die jährlich richtig und zwar größtentheils nur zur Bereitung der Speisen verbrennt werden.

Eine Folge der vermehrten Population ist dann auch die Vermehrung des Bergbaues, der Kalk — Ziegel — Gyps und Schmelzöfen — der Eisenschmieden, der Schlosser, Geschmeidmacher und vieler anderer, denen in ihren Werkstätten Feuer unumgänglich nöthig ist, und die also den Aufwand des Holzes ganz ungemein erhöhen.

Wie viele hundert, wie viele tausend Klafter Holz werden nicht erfodert, um alle die Materialien zu unsern neuen Gebäuden zu liefern! Wie viel Holz kostete nicht schon der Anwuchs von 1769 Gebäuden, die beynahe alle aus Ziegel entstunden! — — Wie viel kostet ihre Unterhaltung nicht wirklich noch! Welch eine ungeheure Menge eisernen Geräthes, eiserner Werkzeuge findet sich nicht in allen Wohnungen und Werkstätten, und wie viel Holz foderte nicht ihre Verfertigung!

Wer ist wohl vermögend den jährlichen Holzbetrag zu berechnen, der zu dem nöthigen Hausgeräthe so vieler tausend Menschen erfodert wird? Man muß erstaunen über die Menge des hölzernen Hausrathes einer ganzen Stadt, über die Menge der verschiedenen Werkzeuge, und doch muß alles dieß sehr oft wieder neu nachgeschaffet werden. Wie viel, wie mancherley Holz wird nicht schon erfodert um einen Bauernhof mit den nöthigen Stücken auszurüsten! — — Und wenn wir nun bedenken, daß sich die Höfe seit einem Paar Jahrhunderten um 2549 vermehret haben; so müssen wir staunen über die Menge des Holzes, die dazu mußte verwendet werden.

Wenn

Wenn man der Berechnung unseres würdigen Mitgliedes des Herrn von Stoixner folgen darf; so fodert das nöthige Brod für Baierns Bewohner täglich bey 352 Klafter Holzes, und dieser Aufwand wird eben noch durch die vielen Backöfen ungemein vermehrt. Man findet auf unsern Dörfern selten ein Haus, das nicht seinen eigenen Backofen hat, und sich mit vielem Holze sein Brod bereitet. Der Aufwand würde ohne allen Zweifel geringer seyn, wenn für jedes Dorf nur ein gemeinschaftlicher Ofen wäre. Er dörfte nicht so oft, mit so vielem Holze geheizet werden, weil mehrere Familien ihr Brod zugleich. ausbacken könnten, und der Ofen würde für ein zweytes Gebäck, das noch am nämlichen Tage eingeschoffen werden könnte, nicht so sehr wieder erkalten. *

Das Nämliche läßt sich auch von den häufigen Waschöfen sagen, die sich großentheils ohne Noth und zum Nachtheile des Holzes ganz ungemein vermehren.

Das

---

* Richtig! Aber so lange christliche Nächstenliebe unter dem Bauernvolke nichts anders ist, als was sie wirklich ist, geht Nachbar Veit nicht einmal ins Wirthshaus, weil Nachbar Christel dareingeht. Wer würde den feindseligen Ausbrüchen der Weiber Nachbarianen bey einem gemeinschaftlichen Backofen vorbeugen können? In meinem Geburtsorte hatten nur vier Familien einen gemeinschaftlichen Backofen; und doch war dieser Ort gemeiniglich der Tummelplatz der Weiber. Z. B. Wenn Hannsens Brod nicht gut gebacken war, gab Hannsens Weib dem Weibe Görgens Schuld, und Veits Weib machte dem Weibe Christels Verwürfe, weil Veit mit Christeln nicht ins Wirthshaus gieng. Das gieng so lange in Einem fort, bis sie sich bey den Haaren packten. Mir ahndet es, als wenn ich die Zeit noch erleben könnte, in der man in einem Dorfe gerade darum zwo Kirchen wird erbauen müssen, damit sich Freunde und Feinde absöndern, und wenigst im Hause Gottes nicht balgen können.   Eutor.

Das ungeheure Feuer beym Salzsudwesen, welches die Pfannen fodern, auch die verschiedenen Gebäude, die Triebwerke, die Menge von Beschlächten, von Dämmen, von Brücken, von Stegen, die deßhalben unterhalten werden müssen, die Salzgeschirre selbst und die Menge von verschiedenem Geräthe fodern eine Menge des Holzes, die jedem, der die Sache nicht selbst sah, unglaublich scheinen muß.

Wenn gleich die Verfeinerung der Sitten und die Schwächung unsers Körpers der unmäßigen Saufbegierde engere Schranken gesetzet hat; so nahm doch ganz gewiß die Begierde seinen Durst durch künstliche Getränke zu stillen ungemein zu. Niemand auch von dürftigem Stande will dieses Bedürfniß mehr anders als durch Bier befriedigen. Die Anzahl der Bräuhäuser wächst wirklich, und wir sahen in einem Zeitraume von zehn Jahren sieben neue Bräustätte entstehen, da doch die übrigen beynahe nicht Keller genug finden, um das Volk mit diesem so beliebten Getränke hinlänglich zu versehen. Ein Bräuer, der z. B. ehemals kaum fünfhundert Eymer ausschenken konnte, befriedigt jetzo kaum mit tausenden das Bedürfniß, und die Lust seiner Nachbarn, und Gäste.

Bedenke man nun die Volksmenge von Baiern, die ich nach Westenrieders pfalzbaierischer Geographie oben auf mehr dann 800000 Seelen angesetzet habe, und überlege sohin, welche große Menge Biers in unserm Vaterlande alle Jahre getrunken, auch wie viel weiches Holz zum Sieden, und wie viel hartes Holz zur Dörre erfodert werde, um das Bier, dieses unser vorzügliches Getränk, zuzubereiten, so wird man sich über die Menge des dazu erfoderlichen Holzes, das jährlich gewis weit über die hundert tausend Klafter beträgt, billig erstaunen müssen.

Allein auch über diesen Aufwand fodert eine Bräustatt noch viel hartes Holz sowohl zu Geschirren, als den nöthigen Geräthschaften, die so bald

G

durch

durch den anhaltenden Gebrauch und so oft durch Muthwillen zu Grunde gehen.

Der verderbliche Geschmack an warmen Getränken ist ein wahres Unheil für unsere Förste; er ist die Ursache der Entstehung so zahlreicher Kaffeehäuser; er ist die Ursache der ewigen Feuer auf unseren Herden. Vom frühen Morgen bis in den späten Abend muß zu jeder Stunde Kaffee oder Thee in Bereitschaft stehen, Punsch und Chokolade eiligst aufgetragen werden können. In großen Häusern will nicht nur jedes Kind vom Hause, auch der Secretair, der Kammerdiener, jeder Bediente, oft wohl der Kutscher und der Stallknecht zu einer beliebigen Stunde warme Speise oder warmes Getränk in der Küche finden. Manche verzärtelte Tochter kann gar nicht das Bett verlassen, wenn sie sich nicht ehevor im Kaffee oder Chokolade Kräfte dazu getrunken hat. Welch eine Menge Holzes würde erspart werden, wenn diesem Gesundheit verderbenden Kitzel des Gaumes engere Schranken gesetzet würden!

Eine wahre Verwüstung richten die Glashütten in unseren Försten an, die sich seit wenigen Jahren beträchtlich vermehrt haben. Die Vergrößerung der Fenster und der immer stärkere Gebrauch der gläsernen Geschirre sind die Ursachen ihrer Vervielfältigung. Keinem Tagelöhner will beynahe sein brauner Nektar mehr schmecken, wenn er ihn nicht aus einem hübschen Glase trinkt, und es giebt Gegenden in Baiern, wo der Kellerer schwerlich mit unblutigem Kopfe entkommen dörfte, wenn er es wagen wollte einem Bauernjunge und seiner Dirne ihren Lieblingstrank in einem irdenen Kruge oder in einer hölzernen Kanne zu bringen. Wir dörfen in Baiern und der obern Pfalz sicher fünfzehn Hütten zählen, und da eine mittelmäßige schon tausend Klafter Hüttenholz, das die doppelte Länge unserer Scheiter hält, und also 2000 Klafter ausmacht, verbraucht;

so iſt das ein jährlicher Aufwand von 30000 Klaftern. Doch nicht die ſchrecklichen Feuer allein, ſchon die Materialien des Glaſes ſelbſt Aſche und Pottaſche verzehren eine Menge Holz. Man hat, um dieſe gräuli- chen Verheerungen leidentlicher zu machen, die Hütten an ſolche Plätze verlegt, wo das Holz in Menge ſteht, und wo man es wegen zu großer Entfernung von Flüſſen oder Städten, oder wegen Mangel an fahrba- ren Straſſen nicht vortheilhafter benützen kann. Iſt aber ſo eine Wald- gegend abgeſchleift, (denn um den neuen Anflug, um gute Pflege des Hol- zes kümmert ſich der Hüttenmeiſter gewiß nur in dem Falle, wenn der Forſt ſein Eigenthum iſt,) ſo ſucht man eine andere, um dort die vorigen Ver- wüſtungen vom Neuen zu beginnen.

Ich weis es nicht, iſt es Mangel an Geſelligkeit oder Liebe, — überſpannte Liebe der Bequemlichkeit, die es verurſacht, daß faſt jeder Menſch, der ſich des Monaths nur einige Gulden zu verdienen weis, ſchon ſein eigenes warmes Zimmer ganz für ſich allein haben will. Ehe- mals ſaß wohl ein ehrenveſter Ritter mit Frau und Kindern, mit Schild- knappen und Knechten des Winters über in einer Stube, und Männer, die eben noch keine Greiſe ſind, erinneren ſich noch ſehr wohl, daß man auch in den anſehnlichſten Häuſern höchſtens 3 oder 4 geheizte Zimmer hatte. Jetzt fodert nicht nur der Herr und die Frau mehrere eigene Zimmer für ſich, — auch die Kinder müſſen in eigene, bey geringſter kalter Witterung geheizte, oft ſchädlichſt überheizte Zimmer abgeſondert ſeyn. * Und da jede Hauptperſon ſeine eigene Bedienung hat; ſo fodern

auch

---

* Und dieſe Abſonderung, wenn ſie nicht gar zu ſehr übertrieben wird, hat meiſtentheils ihre guten Gründe. Nur wünſchte ich, daß Kinderſtuben nicht ge- heizt ſeyn dörften.

Autor.

auch diese, weil sie zunächst an ihrer Herrschaft wohnen sollen, einen eigenen warmen Wohnort, und die Zofe der Dame kann sich ohne Beleidigung ihres Ranges mit dem Mägdchen der Fräulen unmöglich in dem nämlichen Zimmer befinden; so wie der Bediente, der über den niedrigen Haufen seiner Mitknechte hervorzuragen sucht, mit diesen rohen Leuten nicht in einer Stube wohnen zu können glaubt. Der Bürger, der unglückliche Affe des Adels, der sonst zum großen Vortheile seiner Gesundheit in einer kalten Kammer schlief, der giebt sich jetzt alle Mühe ein Zimmer in seinem Hause auszufinden, wo er einen Ofen setzen, und sich warm machen kann.

Die Höhe unserer Zimmer, und die Größe unserer Fenster und Thüren verursachen ebenfalls einen stärkern Aufwand am Holze. So vielen Vortheil die erstern darum haben, weil sich die Dünste mehr verbreiten, und die Bewohner nimmer so sehr drücken können; so vielen Nachtheil verursachen sie am Holze, weil immer vieles dazu erfodert wird, den obern Theil des Zimmers, wohin die Wärme ohnehin zu erst dringt, zu erwärmen, der doch, da er nicht bewohnt ist, immer kälter bleiben dörfte. So viele Vorzüge hohe Fenster des angenehmen Lichtes und hohe Thüren der Bequemlichkeit wegen haben, so schädlich sind sie dem Holze; denn sie geben der Kälte immer mehreren Platz, je mehr sie sich in die Länge und Breite ziehen, und je schlechter sie gebauet sind.

Die übermäßige Hitze der selbst so oft unnöthig geheizten vielen Zimmer, und die schlechte Haushaltung im Holze ist gewiß eine große Ursache des Holzaufwandes. In Dikasterien, in Rathsstuben, in Kanzleyen und in andern Zimmern, wo auf Rechnung des Landesherrn oder der ganzen Gemeinde geheizet wird, ist es gemeiniglich ganz unerträglich warm. Die Ursache davon ist größtentheils die Einrichtung, die

man

man so getroffen hat, daß die Asche dem Heizer gehört. Dieser be-
kümmert sich wenig um den Aufwand, um den Preis des Holzes, er
wirft immer damit die Oefen voll, damit sich die Reste folglich sein
Einkommen häufen. In Wirthsstuben und beynahe in allen Bauern-
stuben ist ebenfalls immer eine wallende Hitze; sie achten das Holz nicht,
vorzüglich, wenn sie nahe an Försten wohnen, und glauben sich eine
Wohlthat zu thun, wenn sie sich lebendig rösten, oder zum größten Nachtheile der Gesundheit die erstarrten Glieder auf einmal in brennender
Luft baden *

Die ungeheure Größe und die oft so läppisch unvernünftige Bauart der Oefen fodert einen dreyfach größern Aufwand, als ein kleiner
bequemer und nicht in die Mauren hinein gesetzter Ofen fodern würde. — Daß auf unseren Herden mit weniger Feuer mehr, mit minderer
Beschwerlichkeit, und vielleicht auch noch mit mehrerer Schmackhaftigkeit
zu gleicher Zeit könnte gekocht werden, davon würde jeden die Erfahrung
überzeugen, wenn nicht zu große Anhänglichkeit am Alten und dumm an-
ererbtes Vorurtheil jede Verbesserung hinderten. Wer würde es wohl
über sich nehmen, unsere Köche und Köchinnen über die Schädlichkeit
ihrer Herde, und über die Vortheile einer neuen Bauart derselben auf-
zuklären?

Nicht nur allein durch die lange Gewonheit des Landmanns sich
hölzerne Häuser zu bauen, die ganz allgemein herrschet, schon selbst durch
das jetzt so sehr übereilte Bauen in Städten und Märkten wird eine
Menge Holzes verschwendet. Es ist beynahe eine Unmöglichkeit so vie-

G 3   les

* Man hat viele Fälle, daß Leute, die aus der Kälte gähling in dergleichen
unmäßig überheizte Zimmer kamen, vom Schlagflusse berühret wurden, oft auch
plötzlich dahin starben.

les ausgedörrtes Holz vorräthig zu haben, als man jährlich braucht, und daher ist der Zimmermeister sowohl, als der Kistler genöthigt, noch feuchtes Holz zu nehmen. Je nachdem es nun an einen Platz kömmt, wird es oder faulen oder schwinden, und in kurzer Zeit muß man zum großen Nachtheile diese Holzarbeiten wieder ganz erneuern lassen. So nachtheilig hölzerne Häuser den Forsten, eben so und wohl noch schäd- licher sind sie den Eigenthümern selbst. Wie leicht entsteht bey der ganz ungemeinen Sorglosigkeit dieser Leute für Feuer und Licht eine Brunst, die, ehe man nur die mindeste Hilfe leisten kann, das ganze Gebäude, und nicht selten die Nachbarschaft in Asche legt. Sind die traurigen Beweise davon so selten? Man hat, diesem Unheile vorzubeugen, in der Forstordnung die Anhäufung der hölzernen Häuser, und ihre Erhöhung über einen Gaden verbothen. Die hölzernen Schindeldächer dauern un- geachtet der vielfältigen Klagen dagegen, ungeachtet der großen Feuer- gefahr, in die sie ganze Dörfer und Märkte versetzen, ungeachtet des be- trächtlichen Aufwandes, den ihre öfteren Ausbesserungen und Erneue- rungen der schnellen Fäulung wegen verursachen, nicht nur in Dörfern und Märkten, sondern sogar in kleinen und größern Städten fort. Die schönsten, bestgewachsenen Stämme von Lerchen, Fichten, Tannen, die das beste Holz für Künstler, und zu verschiedenem Geräthe liefern könn- ten, werden dahin verwendet, und, als wenn in unserem Lande dieser bö- se Gebrauch nicht Unheil genug schon anrichtete, noch dazu als Schin- deln in das Ausland verhandelt.

Die Beleuchtung des Landmanns hat eben wieder großen Nach- theil für das Holz, so wie sie ihn alle Augenblicke in neue Gefahren ei- nes schrecklichen Brandes versetzt. Er spaltet die schönsten Kienbäume, die sonst zu Rinnen, Teichen, u. d. gl. vortreffliche Dienste leisten könn-

ten,

ten, zu Spänen! und wenn man betrachtet, wie schnell sich dieses schlechte Licht verzehre, und welche Menge solcher Späne man folglich im ganzen Lande verbrauche, da man es mit vieler Mühe kaum dahinbringt, den Gebrauch derselben in Ställen und Scheuern der einleuchtenden Feuersgefahr ungeachtet abzustellen, so wird man die häufigen Klagen gegen diese Beleuchtung gegründet finden, so wie man auch scharfe Strafgesetze wider die außerordentliche Nachläßigkeit, welche diese Leute in der Bewahrung und Versicherung dieses Lichtes begehen, billigen muß.

Der fromme Glaube, als würde Gott durch grüne Bäume geehret, diese Nachäffung wenigst jüdischer wo nicht heydnischer Gebräuche, kostet jährlich eine Menge Birken, die in der Blüthe ihres Wachsthumes gefället dahin welken, und keinem Menschen einen wahren Nutzen verschaffen. Keine Kirche, keine Kapelle im ganzen Lande wird man finden, die nicht am Kirchweihfeste und in der Antlaszeit * mit grünen Bäumen pranget: und nun wollen wir sehen, welchen großen Aufwand diese unbedeutende Zierde, dieses unkluge Holzopfer jährlich verursache. Wir zählen in den vier Rentämtern Baierns wenigst 160 Klöster, wo gewiß überall eine Kirche ist, 1027 Pfarreyen, 2064 Filiale und 578 consecrirte Kapellen. Wollen wir nun dazu noch die 18 Klöster, 177 Pfarreyen, 195 Filiale und 99 consecrirte Kapellen der Obernpfalz und der Landgraffschaft Leuchtenberg mitzählen, so haben wir 178 Klöster, 1204 Pfarreyen, 2259 Filiale und 677 consecrirte Kapellen, worunter doch die Menge hölzerner und gemauerter Andachtsplätzchen, welche gewiß auch alle zu sicheren Zeiten mit Bäumen geschmücket werden, noch lange nicht begriffen sind. Ich will auf jede dieser 4318 geweihten Kirchen im Durchschnitte nur 10 Birkenstämme rechnen, so müssen zu diesem

* Am Fronleichnamsfeste.

sem welken Prunke jährlich 43180 Stämme von verschiedener Größe, aber gewiß von schlankem, und vielästigem Wuchse gefället werden. Aber das ist noch lange der Aufwand nicht aller, den wir zur vermeyntlichen Ehre des Gebers alles Guten machen. Auch die Gassen, wodurch der oft wiederholte und oft abgeänderte Zug zur Zeit der heiligen Feyer von der Einsetzung des Abendmals seinen Weg nimmt, müssen eben so gezieret seyn, wozu dann ganz gewiß der dritte Theil der vorigen Summe, also 14393 Stämme erfodert werden. Unsere Laubzierde entzieht uns also sicher jährlich eine Anzahl von 44619 blühenden Stämmen. * Wie! sollte es dem größten Wohlthäter des Menschengeschlechtes nicht ein gefälligeres Opfer seyn, erst seine Lieblingsgeschöpfe unsere Brüder durch weise Anstalten zu schützen, als mit etlich tausend Stämmen Mauern und Straßen zu zieren?

Aber ganz und gar unverzeichlich ist die Holzverschwendung, welche man durch die Verzierung der Saufgelage und der Märzenkeller begeht. Auch würde ein Weinhaus oder eine Methschenkswohnung eben so kennbar seyn, wenn der Baum, der jetzt zum Nachtheile des Holzwesens natürlich seyn muß, gemalet wäre, oder wenn man statt desselben ein anderes Unterscheidungszeichen bestimmte So geringfügig die Sache immer scheint, so wenig ist sie es wirklich; denn es werden doch jährlich zur Verzierung der bachanalischen Freudenörter und zur Bezeichnung der vorzüglichsten Wohnungen des Vaters Lyäus einige tausend Stämme mißbrauchet.

Se-

---

* Man könnte auch auf diese Weise berechnen, welch eine Menge Grases diese Octave hindurch durch das Aufstreuen in Kirchen und auf den Wegen recht elend zur Ehre Gottes verderbet wird. Heißt wohl die Gaben Gottes verderben, ihn ehren?

Gegen die läppische Gewohnheit Maybäume zu setzen hat man schon oft und mit allem Nachdrucke geeifert, und schärfste Verbothe gegeben; allein der schädliche Ungehorsam führt sie noch an vielen Orten, wo die Obrigkeit schläfrig ist, fort, und verderbt noch jährlich eine beträchtliche Anzahl der schönsten, schlankſten Stämme.

Welch eine Menge Holz fodern unsere Zäune. Bey Städten vermehren sich zusehends die Gärten, die fast alle mit Bretterzäunen, Planken, die man 7 bis 8 Schuhe hoch aufführt, eingeschlossen werden, zuweilen um die Früchte seiner Arbeit gegen muthwillige Diebereyen zu sichern, oft aber auch nur um sich den Blicken des Nachbars und der Vorübergehenden zu entziehen. Gewiß sind diese so wie die Gitterzäune die schädlichsten, weil gerade das Bretter= und Lattenholz immer weniger wird, und weil sie sehr kurze Daure haben.

Wie oft, wie sehr eiferte man nicht schon mit den wichtigsten Gründen wider die Menge der Feldzäune. Ihr Schaden, den sie im Holzwesen anrichten, ist sehr einleuchtend und gewiß immer sehr beträchtlich, ob ihn gleich einige nicht dafür halten wollen, weil man nach ihrem Vorgeben nur dürre Stangen dazu nöthig hat, die sich noch immer häufig finden. Allein, man betrachte unsere Feldzäune, — noch mehr, man betrachte unsere Hirschzäune, und man wird sich bald überzeugen, daß sie nimmer aus dürren Stangen bestehen. Und doch sind gerade diese Hirschzäune von der größten Höhe, und doch werden gerade diese Hirschzäune 10, 12 und noch mehrere Stunden lang fortgeführt, und doch sind es gerade diese, die man durch die leichtesten Mittel entbehrlich machen könnte. Wir haben schon ein Gesetz in Baiern, wodurch jeder Gemeinde zur Pflicht gemacht wird, jährlich 100 Ruthen an lebendigen Zäunen herzustellen, und die Mittelzäune nach Möglichkeit zu vermindern. Aber

was nützen die vortheilhaftesten weisesten Geseze, wenn sie die unterge-
ordneten Obrigkeiten zu vollziehen sträflich vernachläßigen?

Noch finden sich häufig die gebrückten Wege, (Prügelwege) welche Stunden lang fortdauern, und so oft wieder neu müssen nachgemacht
werden, folglich eine Menge Holzes kosten.

Man pfleget die Holzwege meistens mit Boschen auszufüllen, und
da man jetzt mit vielem Eifer auf die Austrocknung der Sümpfe dringt,
um diese Plätze zu urbaren Gründen umzuschaffen, unterdessen daß
viele unserer wirklich urbaren Gründe zu Heiden werden; so wird auch
zu diesen beyden Gegenständen ungemein viel Holzes erfodert: ein Aufwand, der erst seit kurzem sich sehr vermehret.

Zum großen Vortheile des Fuhr- und Postwesens, und zur ungemeinen Bequemlichkeit der Reisenden vermehren sich unsere erhöhten, gemachten Strassen. Wir dörfen nur 30 bis 40 Jahre zurücke denken,
und wir werden gewiß unlaugbare Beweise davon haben. Auch diese
wichtige Wohlthat macht in unseren Försten leere Plätze. Wie viel
Holz muß bey Anlegung einer neuen Strasse auf die Ausfüllung der
Hohlwege, auf die Austrocknung der Moräste, auf die verschiedenen
Brücken und Durchlässe verwendet werden. Wie viel kostet nicht schon
die Unterhaltung dieser letztern! Wir haben es der wachsamen, eifrigen
Fürsorge unsers wirthschaftlichen würdigsten Strassendirectors Herrn von
Hofstetten zu verdanken, daß wirklich bey 400 solcher Durchlässe aus
Steinen gebaut worden sind, und wir würden wenig hölzerne mehr sehen,
wenn es so ganz in seinem Vermögen stünde alle umzuändern. Wie
vortheilhaft dieses für unser Forstwesen seyn müßte, können wir leicht
einsehen, wenn wir bedenken, daß diese hölzernen Brücken so bald durch
die Zeit, so oft durch hohes Wasser zerstöret werden, und wie dauer-

haft

haft hingegen steinerne sind. Wie unklug und unsparsam werden oft
die Straßen selbst durch Förste gerade und krumm abgestecket, und wie
viel wird also deßhalb Holz umgehauen. Noch schädlicher sind die
schlechten Straßen in Försten, jeder weicht dem bösen Wege aus, bahnt
sich ein neues Geleis unbekümmert, wie viele junge Bäumchen, wie viele schöne Keime Roß und Rad verderben.

Man zähle alle Brücken in Baiern, man berechne den Aufwand
am Holze, der zu ihrer Unterhaltung erfodert wird; denn alle, wenn man
nur etliche ausnimmt, sind ganz aus Holze gebaut. Man betrachte alle die Dämme, alle die Beschlächte, alle die Gebäude an unseren Wässern, man berechne die Menge von Stämmen, die jährlich dahin müssen verwendet werden, und die dazu bestimmt scheinen, ein Spiel des
reißenden Strommes zu werden, der immer im folgenden Jahre die Dämme wieder zerreißt, mit denen man im vorigen seiner künftigen Wuth
Einhalt thun wollte.

Wie traurig ist die Erinnerung an die erstaunlichen, und vielen
Ueberschwemmungen, die seit einigen Jahren so schreckliche Verwüstungen anrichteten. Mehr dann 100000 Stämme wurden gefället, um alle
die weggerissenen Brücken, * Mühlen, Häuser, Dämme, Beschlächte

H 2   wie-

---

* Welchen in die Tausende laufenden Schaden die gewaltsam eindringenden
Eisstöße den Brücken zufügen, solche oft ganz hinwegreißen, die unentbehrlichen
Passagen dadurch lange sperren, und wie vieles des schönsten besten Stammholzes
ohne andere große Kösten zu berechnen zu derer Herstellung erfodert werde, davon
überzeugen uns vorzüglich in jüngeren Zeiten die traurigen Ereignisse vom Jahre
1784, und dem instehenden Jahre 1789. Ungeacht dieser noch in frischem Gedächt-
nisse lebenden Zufälle giebt man sich jedennoch in den meisten Gegenden und Orten
wenige Mühe und Sorge diesem allgemein schädlichen Unheile der Zeiten kräftigst
ent-

wieder herzustellen, um alle die verdorbenen Wege und Straßen wieder auszubessern, und in den vorigen Stand zu setzen. Doch kaum war alles mit der größten Mühe hergestellet, so brach der Sturm von Neuem wieder los, und seine letztern Verwüstungen waren fürchterlicher, als die ersten. Welch unheilbarer Schaden ward dadurch dem Holze zugefügt!

In unseren benachbarten Ländern ist seit längerer Zeit schon wirklicher Mangel am Holze; und uns gereichte es auch vormals zum großen Vorthei-

le,

---

vorzubiegen. Selbst von höheren Stellen ausgefertigte weise Befehle werden vereitelt, und sind nicht mächtig genug schläfrige Beamte zu ihrem schuldigen Diensteifer zu erwecken. — Sie überlassen die Brücken dem Ungefähr oder den dummen Vorurtheilen, meistens auch den eigennützigen Absichten unerfahrener — nicht selten auf Privatinteresse hinsehender Brück- und Zimmermeister.

Da im Jahre 1784, und in heurigem Jahre 1789 viele Brücken in der Nähe von dem mit aller Gewalt einstürmenden Eisstoße hinweggerissen worden sind, wurde die Salzabrücke zu Burghausen allemal durch die bey Zeiten angewandten klugen Anstalten glücklich erhalten, diese wenige Kosten fodernde, dem Tausend nach ersparende Veranstaltung ist an sich so leicht, als einfach, folglich kann solche überall mit leichter Mühe auf folgende Weise nachgeahmet werden

I.

Müssen die sogenannten Eisstecken schon frühzeitig, und ehe eine heftige Kälte einfällt, damit sie recht tief in den Grund eindringen, folglich nicht so leicht verschoben werden können, bey jedem Joche senkrecht geschlagen werden. Wenn man zween neben einander schlägt, so daß einer etwas mehr vorwärts kömmt, so wiederstehen sie auch dem andringenden Gewalte besser; weil solche nicht auf einmal zugleich den Stoß der Eisschollen vereinbaret zu erdulden haben.

II.

Muß ober- und unterhalb jeder Brücke eine lange, breite Strecke weit das Eis aufgehauet, ein ordentlicher Canal gemachet, das stückweis aufgehaute Eis dadurch ausgeführet, hauptsächlich auch alle Joche bis am Grunde von allem Eise ganz frey ge-

ke, den Ueberfluß, den wir hatten, an unsere Nachbarn verhandeln zu
können. Wir brachten ihnen schon aufgescheitertes Holz, und ganze
Stämme in Flössen auf unsern Wässern zu, und Geld dafür in unser Land.
Ihr Bedürfniß wuchs, und so verstärkte sich auch unsere Ausfuhr. Wer
rechnet die Menge Holzes, die nur als Flösse auf unserer Donau von
allen übrigen Flüssen her aus dem Lande schwimmt? Wer rechnet das
Holz, das zu verschiedenen Geräthschaften verarbeitet in das Ausland
kömmt? Wer rechnet das Holz, das mit unserem Salze verkauft wird?
Wer zählt die Fässer, die jährlich nach Tyrol und in das Oesterreich gehen?

H 3

Wir

---

gemacht werden, damit der Fluß einen ordentlichen Rinnsal erhalte, und das Wasser bey den Jochen freyen ungehinderten Durchzug bekomme.

Zu diesem Aufhauen bedienet man sich gemeiner Hacken, wo das Eis zu dick ist, wird
solches mittelst großer Sägen durchgesäget, auch mit starken Stangen an derer Ende breite schneidende Eisen sind, durchgestoßen, und Plattenweis hinweggewogen.

Wird diese Bearbeitung unterlassen, so ist die natürliche Folge, daß sich bey
gehendem Eißstoße der Stoß an den Brücken, und Jochen aufthürme; weil solcher unter der ganz zugefroren Brücke nicht durchbrechen kann. Die Eißstöße gehen
allemal bey erfolgender aufthauender Witterung, bey welcher das in kalten Tagen versiegte Wasser merklich, ja oft augenblicklich mit aller Stärke zu steigen an-
fängt: da nun die Joche oft nahe bis an den Grund des Stromes in dickem Eise
eingefroren, mit solchem umgeben, und gleichsam zusamme gewachsen sind, so hebt
das mit aller Gewalt sich vermehrende, durch das dicke Eis emporzubringen un-
vermögende, in seinem Ablaufe dadurch sichtbar gehemmte Wasser endlich das Eis
sammt den Jochen durch die immer zunehmende Wassermenge und dadurch außeror-
dentlich vermehrte Gewalt in die Höhe, die Joche werden schwankend, und das an
die Brücken aufgethürmte Eis und der nachdrückende Eißstoß stürzen mit ihrer
gewaltsam und unaufhörlich anprellenden Stärke die Brücken sohin augenblicklich um, und der Schaden, der auf beschriebene Weise mit wenigen Kosten hätte
glücklich getilget werden können, beläuft sich in die Tausende.

Freyherr von Hartmann.

Wir haben in Baiern 540 Förste, die einen Raum von 100 Quadrat-
meilen, oder da eine solche Quadratmeile 15893 Jucharte macht, von
1589300 Jucharten einnehmen. * Ob nun gleich keine Forstschätzung, die
überhaupts gemacht wird, richtig seyn kann, weil die Verschiedenheit der
Holzgründe, und der Holzarten, die Verschiedenheit der Lage, die Verschiedenheit der Stämme in Rücksicht ihrer Dicke und Höhe unmöglich im Allgemeinen berechnet werden können; so scheint doch der Holzgrund für
unsere wahren Bedürfnisse hinreichend zu seyn, und mit dem Acker- und
Wiesenlande in einem guten Verhältnisse zu stehen, wenn er nur immer
nach den Regeln einer guten Forstwissenschaft cultivirt, gepfleget und ge-
schonet würde. Aber eben diese Wirthschaft ist es, worinn es bey uns
größtentheiles zu fehlen scheint. Ich will einige Ursachen des verringer-
ten Holzempfanges hersetzen, wovon freylich einige unvermeidentlich sind,
andere aber gehoben werden könnten.

Empfindlich ist uns der Verlust jenes Theiles von unserm Vaterlande,
der unter dem Namen des Innviertels an Oesterreich abgetreten wurde,
auch in Rücksicht der Förste, und des Holzes. Nicht jene Gegenden allein, die jetzt von uns getrennt sind, wurden aus diesen Försten versehen,
auch Burghausen, und beynahe alle Orte am dießseitigen Ufer der Sal-
za befriedigten von dorther ihre Bedürfnisse. Das Salzwesen zu Traun-
stein und Reichenhall holte sich eine Menge Brennholzes, und nicht nur
alles Taufelhotz, das wir zu unseren eigenen Salzgeschirren nöthig hatten, sondern auch jenes, was wir gemäß der schweren Verträge jährlich an Salzburg abgeben müssen, ward aus jenen Försten geliefert.
Jetzt müssen wir, diese höchsten Bedürfnisse zu befriedigen, und unsere
Verträge nach baierischer Sitte bieder und rechtschaffen zu erfüllen, die-

ses

---

* Westenrieders pfahlbaierische Geographie, Seite 53.

ſes Holz mit ſchweren Köſten und großer Laſt bis aus Zwieſel, und den
daran gelegenen Förſten herholen. Das meiſte Holz aus dieſen ver-
lornen Waldungen wird durch Aufkäufer häufig nach Wien geführt.
Burghauſen, und die benachbarten Gegenden haben daher wirklich Mangel; * denn die dießſeitigen Förſte reichen für den nöthigen Aufwand
nicht zu. Welch unerſetzlicher Nachtheil für unſer Holzweſen!

Jene ſchrecklichen Ueberſchwemmungen, an die wir uns mit Weh-
muth erinnern, riſſen eine Menge aufgeſcheitetten Holzes mit ſich fort,
ſtürzten vorzüglich in Gebirgförſten und an Ufern die ſchönſten Stämme
um, entblößten an manchen Orten ganze Plätze vom Holze, und ſcha-
deten auch den flachliegenden Waldungen durch ihre lange Daure, und
durch das zurückgelaſſene Gewäſſer.

Schauer, Schneedruck, Schneelähnen, Stürme und Windlähnen
verderben jährlich ungemein viel Holz. Eine Schneeflocke, die ſich los-
reißt, und im Falle über die Berge zum ungeheuern Ballen wächſt, iſt
vermögend den Untergang von vielen hundert Stämmen zu verurſachen.
Ganze Strecken von Waldungen entblößt ſo eine Lähne, indem ſie die
Stämme, wie eitel Rohr, wegreißt, und oft in unwegſame Thäler ſtürzt.
Wie viel verderbt oft nur ein einziger Sturm, wie viele ſchöne Stämme zerſplittert nicht eine zu früh eingetretene Kälte, welche die noch nicht
zurückgetretenen Säfte zum Eiſe macht! Auch Schauer ſchadet ungemein, da er die zarten Keime, oder die weichen Knoſpen zerſchlägt.

Die Bevölkerung, die den Förſten nach einiger Leute Behauptung
ſchon dadurch nachtheilig wird, daß ſie den Aufwand des Holzes ver-
größert, ſchadet auf eine noch weit empfindlichere Weiſe, wenn man ſich

ge-

---

* In Burghauſen iſt ſeit 4 Jahren das Eiſenmaaß Ferchenholz ſchon höher als
einen Gulden geſtiegen.

genöthigt sieht Holzgründe zu Wiesen, und Aeckern umzuarbeiten: oft
wo es nicht nöthig wäre, reizet doch manchmal die schmeichelhafte Hoff-
nung sein Gut zu verbessern. * Man reutet nur zu oft einen Holzgrund
ab, um auf einmal eine beträchtliche Summe zu ziehen, und um den
Vortheil zu genießen, reichlichen Saame zu ärnten, da diese Gründe
etliche Jahre hindurch, auch ohne gedünget zu werden, viele Frucht bringen. Doch! da diese Oekonomen, wenn sie immer diesen Ehrennamen
verdienen sollten, nicht Dünger genug haben, um ihre vorigen Felder
zu begailen; so können die neuen in 5 — 6 Jahren oft nicht mehr be-
bauet werden, sie bleiben öde liegen, und werden Heiden oder Sam-
melplätze vom Wachholder und anderm schlechten Gesträuche. Sie
wieder zu Waldungen umzuschaffen, daran denkt keiner dieser elenden
Wirthe; denn was kümmert sie die Nachkommenschaft?

Da unser Holzwesen eine beträchtliche Quelle innländischen Reichthumes ist, wenigst seyn könnte, und sollte; so fodert es die Nothwendigkeit, daß es ganz von der churfürstlichen Kammer verwaltet werde, daß diese berechtigt und verbunden sey, die Forstbediente ihrer Kenntnisse, ihres
Fleißes und ihrer Treue wegen gewissenhaft, und streng zu prüfen, und
sie zur Erfüllung ihrer Pflichten durch Aufmunterung und Ahndung, durch
Belohnung und Strafen unnachläßig anzuhalten. Aber wo sollen wir
gute innländische Förster finden, da wir keine zu bilden suchten? * * Wie
sol-

* Ich dächte, daß Bevölkerung dem Holze in Baiern gar nicht gefährlich werden könnte, wenn man nur den unnöthigen Aufwand einschränkte, keines außer Landes ließ, und den Nachwuchs gehörig besorgte.
Sutor.

* * Man darf sicher, und mit untrüglichem Grunde behaupten, daß es in
einem Laube eben so lange mit einer nützlichen weisen Holzkultur elend aussehen
wer-

follen die Leute sich gründliche Kenntnisse in der Forstwissenschaft sammeln, da sie keinen Unterricht haben? Wie kann man einen Menschen über die Kenntnisse einer Sache prüfen, von der er nie was hörte? Der ganze Unterricht, den so ein Mensch erhält, besteht darinn, daß er in seiner Jugend einige Jahre bey einem Förster in der Lehre steht. Allein weder der Förster, noch sonst Jemand giebt, oder kann ihm im Holzwesen Unterricht geben, und er hat gewiß bald ausgelernt, wenn er sein Lehrgeld bezahlt, die Fährte kennt, ein Stück Wild im Laufe und einen Vogel im Fluge wegschießen kann. Sind die Beyspiele so selten in unserm Vaterlande, daß so ein Bursch, der seinen Hirschfänger und sein Hornfäffel trägt, kaum Gedrucktes lesen, viel weniger schreiben, und rechnen kann? Woher sollte sein Lehrmeister Forstwissenschaft gelernet haben, er, der selbst in seiner Jugend nichts davon hörte? Er, dem jedes Buch von diesem Fache gänzlich unbekannt blieb? Ist es vielleicht die lange Erfahrung, die ihn klug machte? O so ist sie gewiß dem Lande sehr theuer geworden, und nie ist Erfahrung allein in dieser Wissenschaft hinlänglich, die sich so sehr auf andere Wissenschaften gründet. Haben wir nicht Förster genug, die schon lange Jahre bedienstet sind, und noch kaum die ersten Vorkenntnisse dieser Wissenschaft haben; folglich immer das Verderben des Forstes bleiben, den sie pflegen sollen? *

J   Die

---

werde, als man die Forstbediente, und die dem Forstwesen sich widmenden Leute in der unentbehrlichen Forstwissenschaft theoretisch und praktisch unterrichten zu lassen sträflich verabsäumet.

Freyherr von Hartmann.

* Wie kann man auch fodern, daß diese Leute eine Kenntniß von der Forstwissenschaft haben sollen, da solche noch vor wenigen Jahren selbst dem Namen nach in unserm Vaterlande unbekannt war? — Ich kenne alte, rechtschaffene Förster,

Nie

Die Jägerey ist meistens die Hauptbeschäftigung unserer Förster, und gerade diese ist es, die sich am Wenigsten damit verträgt. Der Förster soll mit allem Eifer auf Besaamung und Pflege, auf ordentliche Eintheilung und Wirthschaft der Wälder denken: der Jäger, wie sein Wild, liebt Unordnung, Verwüstung und Wildniß. Und wodurch sollten endlich unsere Jäger zur Forstwissenschaft aufgemuntert werden? Schätzt man nicht wirklich noch einen mittelmäßigen Jäger höher, als den besten Förster? Durch Jägerey sieht er andere höher steigen, er erwarb sich vielleicht selbst dadurch seinen Försterdienst, verdiente sich vielleicht schon selbst durch Hegung vielen Wildes Lob und Ehre, und vermehrte vielleicht noch überdieß seine Einnahme dadurch. Verderbniß des Waldes bringt noch dazu seinen häuslichen Umständen vielen Vortheil, und der Mann, der seinen Vortheil seiner Pflicht aufopfert, bleibt in manchem Staate noch immer eine seltene Erscheinung. Wie kann man erwarten, daß er lieber alle Mühe auf Holzsaat, Verzäunung und Pflege richte, als daß er einem dienstfertigen Käufer zu Gefallen dort und da die Wälder ausleuchten, die Viehweyde, das Grasschneiden, oder verderbliches Streurechen gestatten, seine Drescher, Mäher, Schnitter nicht lieber durch angewiesenes Holz, als aus eigenem Beutel bezahlen sollte? Unsere Förster haben insgemein Oekonomie *, sollten sie sich nicht

die mir betheuerten: Es bringe ihnen schmerzlich zu Gemüthe, daß sie in dieser so nützlichen als unentbehrlichen Wissenschaft nie den geringsten Unterricht erhielten, und daß ihnen nur lange Erfahrung zuweilen sichere sehr oft hingegen wankende Begriffe beygebracht habe.

Freyherr von Hartmann.

* Viele Förster müssen meisten Theils von der Oekonomie leben, weil ihre Besoldungen und Dienstertägnisse viel zu gering sind, um sich damit erfoderlich er=

nicht lieber viele Grasplätze wünschen, um desto mehr Vieh halten zu
können? Sollten sie nicht lieber ihren Aeckern und Wiesen abwarten,
zum eigenen Vortheile auf dem Felde mitarbeiten, als zu dieser Zeit den
Forst besuchen? Sie schicken zwar ihre Lehrjungen, ihre Pursche in den
Wald; allein, diese sind bey vieler Mühe so schlecht von ihnen bezahlt,
daß sie beynahe genöthiget sind am Holze sowohl als am Wilde die schäd-
lichste Untreue zu begehen, oder wenigst für einige Groschenstücke begehen
zu lassen, um nur leben zu können: vorzüglich muß sich dieser traurige
Fall ereignen, wenn die Förster nicht hinlänglich besoldet sind, und manchmal selbst am Hungertuche nagen müssen.

Daß es wirklich hohe Zeit sey, ernstlich an bessere Wirthschaft zu denken, dieß kann uns der traurige Zustand vieler unserer Förste zeigen. Die
Gebirgwaldungen bey Schongau und Hohenschwangau, bey Tölz, u. d.
gl. sollten, und könnten wegen ihrer bequemen Lage am Lechflusse und an
der Isar, wegen ihrem weiten Umfange und gutem Grunde einen großen
Theil des Landes mit dem nöthigen Bauholze versehen; aber, leider!
fand man lange nicht genug, um nur der durch Feuersbrunst verunglü-
cket gewordenen Stadt Straubing hinreichende Hilfe zu leisten, und das
Elend der Bürger ward dadurch noch empfindlicher verstärket, da sie ihr
nöthiges Bauholz mit schweren Kösten aus anderen Gegenden auf der
Achse sich mußten liefern lassen, das ihnen doch im ersten Falle so leicht

J 2   auf

---

ernähren zu können: ihre Besoldungen möchten wohl vor einem Jahrhunderte den
damaligen Zeiten angemessen gewesen seyn, da man beynahe um zwey Drittel wohl-
feiler als dermal lebte. — Würde man diesen Leuten hinlängliche Diensterträgniß
anweisen, so könnte man auch mit Rechte die ganze Dienstschuldigkeit fodern. —
Bediente, sagt Herr von Moser in seinem Herrn und Diener, müssen Lohn, verdiente
Männer aber Belohnung genießen.

Freyherr von Hartmann.

auf der Donau zugefloſſen wäre. — Durchſehen wir unſere übrigen Förſte, ſo finden wir ſie ausgeleuchtet, leer, ganze Strecken öde, und wo der ſchönſte Anflug ſtehen könnte, nirgends Holzſaat, ſelbſt die beſten Gründe den ſchädlichen Graswurzeln und den weit um ſich greifenden Dorngeſträuchen Preis gegeben, nirgends ordentliche Schläge, dafür überall Viehweyden, altes und junges Holz untereinander. Wo ſich noch einiges Holz findet, dort ſchlägt man ganz gewaltig darauf los, ſcheitert es auf, und nimmt dabey faſt gar keine Rückſicht auf Bauholz, gar keine Rückſicht auf Vorrath. — Es würde mich zu weit über die engen Gränzen, die ich meinem Aufſatze ſetzte, führen, wenn ich zu unterſuchen wagte, woher es doch wohl komme, daß ungeachtet des hohen Preiſes, in dem das Holz wirklich ſteht, ungeachtet des noch immer fortdauernden überaus ſtarken Holzfällens unſere Waldungen auch ſchon ſeit mehreren Jahren, wie es die Rechnungen beweiſen, kaum ſo viel Erträgniß abwerfen, daß davon die Jagd-und Forſtbediente beſoldet werden können.

Neue Holzgründe anzulegen, oder die ehemaligen jetzt verödeten wieder zu bebauen, Eichen zu pflanzen, Bäume an Straſſen, an Ufer, an leere Plätze zu ſetzen, lebendige Zäune zu machen iſt eine äußerſt ſeltene Beſchäftigung, und wenn auch Jemand zu ſeinem eigenen, oder zum allgemeinen Vortheile ſolche Arbeiten mit vieler Mühe und Köſten unternimmt, ſo muß er oft mit groſſer Betrübniß ſehen, daß ein boshafter Frevler tief in der Erde die Wurzeln der jungen Bäumchen abgeſtochen, die ſchwachen Stämmchen zerknicket, und gute Fruchtbäume umgehauen habe. Wie viele ſchöne, gemeinnützliche Alleen wurden auf ſolche böſe Weiſe ſchon zu Grunde gerichtet? Will Jemand einen öden Grund bebauen; ſo muß er vorher erſt mit der Gemeinde der Viehweyde wegen

rech-

rechten, und die Langwierigkeit des verzögerten Processes nimmt ihm unterdessen Jahre, und mit den Kösten auch Freude und Lust dahin.

Aus dem, was ich bisher sagte, scheint es, als nähme die Regierung nicht Antheil genug an dem Wohle des Staates, das ihm durch gute Holzcultur zufließt; aber wenn wir unsere alte und neuere Forstordnung, wenn wir unsere Generalien durchgehen, welche herrliche Beweise von der gründlichen Einsicht, von der eifrigsten Sorge für diese reichhaltige Quelle baierischen Vermögens finden wir darinn! Ich werde nnr einige kurze Auszüge machen, um meine Behauptung zu beweisen. Der Ungehorsam, der zügellose, leider! ungestrafte Ungehorsam ist die einzige Ursache der Vereitlung der schönsten Plane, der heilsamsten Anstalten, der weisesten Gesetze!

Schon im Jahre 1752 wurde, weil es sich zeigte, daß sowohl die churfürstlichen Förste und Waldungen, als Gemeindhölzer allenthalben abgeschleift würden, so daß, wenn man nicht bald Gegenanstalten treffen würde, ein höchstbeschwerlicher Holzmangel entstehen müßte, eine eigene Forstcommission aufgestellet, die alle Holzweisungen ohne Unterschied anzuordnen, und auf Pechler und Pottaschenbrenner genaue Aufsicht zu nehmen hatte. Im Jahre 1768 wurde sie als eine Forstdeputation angeordnet, und ihr die Holzauszeige, und andere solche Geschäfte unter gewissen Bedingnissen übertragen. Im Jahre 1779 wurde sie erneuert, und deü Gliedern derselben aufgetragen, das Forstwesen des ganzen Landes zu übersehen, zugleich, wie man die abgeschleiften Waldungen wieder emporbringen könne, thätig zu bearbeiten, auch die Landesbedürfniß durch alle Rubriquen festzustellen, wie diese aus eigenem Wachsthume zu bestreiten sey, und was noch weiters zu Gunsten der Activhandlungen an Fremde abgegeben werden

könne, zu unterſuchen, auch ob, und wie alles in Schläge einzu-
theilen, und wie beßwegen Charten und Beſchreibungen einzufüh-
ren ſeyen, feſt zu ſetzen. Im Jahre 1760 wurde wegen dem immer
ſteigenden Werthe allerhand Brenn- Bau- und Werkholzes in unſeren
ſonſt zum Ueberfluße damit geſegnet geweſenen Landen, und wegen
dem je länger, je mehr ſich zu äußern und über Hand zu nehmen be-
ginnenden wirklichen Mangel hieran ohne beſonderen Paß, und ent-
richtetes Holzausfuhr- Conceſſionsgeld allerley Bau- und Werkholz, ge-
ſchnitzelte Holzwaare, Taufel- oder Ralfholz, Kohlen, Kalk- und Ziegel-
zeug, Brennholz in Blöcken oder Scheitern mittels Triften, oder auf Zillen
oder Flößen auszuführen verbothen, und den Beamten, Mautnern und
Zöllnern bey Dienſteſſuspenſion aller Holzhandel unter was immer für einem Vorgeben ſchärfeſt unterſaget. Im Jahre 1762 wurden wegen der
immer mehrers anwachſenden Theurung, vielfältigen Ausſchwärzungen, und dem daraus entſtehenden leidigen Selbſtmangel des Holzes am Lechſtrome, als der noch holzreichſten und des Trans-
ports halber zur Verſehung baieriſcher Lande noch am Beſten gelegenen Gegend, alle Kaudereyen, Auf- und Vorkäufe aufs Schärf-
ſte verbothen, und dagegen einige Holzniederlagen und Holzmarkttäge beſtimmt, außer welchen Niemanden weder der Verkauf noch die Ab-
fuhr einigen Holzes auf und über den Lechſtrom verſtattet werden ſollte.
In der Herrſchaft Hohenſchwangau, und im Pflegerichte Schongau
wurden zwo ſolche Niederlagen, zu Rauchenlechsberg wurde ſo eine Holz-
ſtatt, und zu Lechhauſen ein Holzgarten angelegt, wo nicht nur alle von
oben herab kommende innländiſche Flöſſe Halt machen, ſondern auch alles aus den umliegenden Gerichtern auf der Achſe an oder über dem Leche
zu verkaufen ſuchendes Holz zum Verkaufe kommen ſollte, wozu dann
auch

auch in obigen Orten gewiſſe Tage, im letzten aber alle Werktage, als
Holzmarkttage beſtimmt wurden. Noch im nämlichen Jahre erſchien ein
landesherrliches Generale, worinn geklagt wird, daß ungeachtet des obigen Mandates vom Jahre 1760, und der letzthin getroffenen Fürſorge am
Lechſtrome die Kaudereyen, Auf- und Vorkaufe noch immer im Schwun-
ge ſeyen, daß der verbothenen Ausſchwärzungen wegen der Holzpreis
immer höher ſteige, und dadurch der unvorſichtige Eigenthümer, welcher
noch Holz zu verkaufen habe, zur gänzlichen Abſchwendung der Waldungen immer mehr verführt werde, und endlich in kurzer Zeit der größte
Mangel entſtehen müſſe, und worinn, um einem ſo traurigen Erfolge,
deſſen widrige Wirkungen die baieriſchen Lande ganze Jahrhunderte hindurch zu empfinden haben würden, zu ſteuern, verordnet wurde,
daß alles Holz, ſo auf dem Lechſtrome ausgeführt werden wolle, ohne
Ausnahme in die Niederlagen gebracht, und dort verkauft werden ſolle.
Da es nun beynahe ſchon zu einem gemeinen Handwerke geworden war,
innländiſches Holz für ausländiſches bey den Mautämtern anzu-
ſagen, und mit der größten Unverſchämtheit auszugeben, daß es
nur zum Handel und Verkaufe im Lande beſtimmt ſey, da doch
ſelbes gleich darauf auswärtigen Orten zugeführt, und dadurch das
Land in den empfindlichſten Selbſtmangel verſetzt wurde, ſo wurde alles
Anländen und Abſtoſſen unterwegs von Landsberg bis Lechhauſen
verbothen, und mit einer gänzlichen Holzſperre gedrohet. — Im Jahre 1767 wurde die Scheiterlänge, die ſchon 1760, 1762 und 1764 anbe-
fohlen, bis dahin aber an den meiſten Orten von den Unterthanen aus
purer Widerſäßigkeit nicht befolget wurde, ſo wie das Eiſenmaß vor-
geſchrieben, und verordnet der Forſtordnung zur Folge keinen Stock höher,
als einen Schuh hoh zu machen. Im Jahre 1769 wurde von allen Ge-
rich-

richtern die Anzeige der Orte verlangt, wo man ohne Nachtheil der Förste, der Saliterer und Seifensieder Pottasche sieden könnte, weil dieses Product so sehr vom Auslande gesuchet wurde. Ohne Patent aber war jedem diese Brennerey, die Ausfuhr hingegen gänzlich verbothen. Bald darauf erschien eine Verordnung, vermög welcher alle Schneidwaaren, die über die erlaubten 20 Bretter auf den Flössen aus dem Lande gehen wollten, zu St. Nikola abgelegt werden mußten. Man hatte in den vorigen Generalmandaten erlaubt, das Holz auf der Achse ausführen zu dörfen, aber diese Erlaubniß wurde zum Nachtheile des Holzgartens zu Lechhausen, und zur Abschwendung der Waldungen so sehr mißbraucht, daß von Lechhausen aus kein Brennholz mehr ausgeführt werden durfte. Eben dieses Mandat befiehlt auch, um dem bevorstehenden Holzmangel und der Theurung vorzubeugen, in den churfürstlichen Försten ohne besondere Ratifikation, in den Unterthans Waldungen aber außer der generalmäßigen Auszeigung kein Holz mehr schlagen zu lassen. Im Jahre 1775 wurden zur Verbreitung der Landescultur für jedes Rentamt 300 fl. als Preise für jene bestimmt, die einen unfruchtbaren Grund in eine Wiese, einen Acker in eine Waldung umarbeiten, oder durch Sezung der Eichen und anderer Bäume, oder in Errichtung lebendiger Zäune, in Haltung der Schafe und Bienen sich auszeichnen würden. Vermög eines Mandates von 1781 wurde zwar das Handabhauen der Baumfrevler aufgehoben, dafür aber den Frevler mit Schilgen und dem Zuchthause Jahr und Tag zu strafen, oder wenner tauglich wäre, zum ewigen Kriegsdienste abzugeben befohlen. Im Jahre 1784 erschien des Pottaschensiedens wegen wieder eine genaue Verordnung, wodurch allen Abschwendungen der Wälder vorgebogen werden sollte. Man hat die Zeit des Holzfällens bestimmt, und verordnet, vorzüglich das Bauholz nur zwischen dem

24ten

24ten November bis Ende des Hornungs schlagen zu laffen, wobey man die vorgeschriebene Länge und Dicke zu beobachten hätte. Man sollte das geschlagene Holz wohl aussuchen, und nur das, was über die Noth- durft des Bau- und Nutzholzes übrig bleibt, auffcheitern, kein unaus- gewachsenes, oder zur Zeit unschlagbares Stammholz angreifen, den Pottaschenbrennern zur Erzeugung der Asche gar keines, sonst aber Wind- würfe, unnützes Poschwerk, Stöcke oder Wurzeln, und bloß im Mangel dieser Arten gutes Holz anweisen, bey jeder Holzanzeigung den Untertha- nen den vierten Theil an Stöcken zur Aufarbeitung, nur aber in bergich- ten Gegenden nicht anzeigen. Geise darf man in Förften gar nicht, Scha- fe aber nur in ausgewachsenen Hölzern und unter der Geisel weyden. Großes Vieh darf man auf keine Schläge laffen, wo der junge Anflug denselben nicht schon aus dem Maule gewachsen ist. Das Streurechen soll nur zu gewissen Zeiten und mit genauer Vorsicht, daß das Holz da- durch keinen Schaden leide, auch nicht mit eisernen, sondern hölzernen Rechen, die drey Finger breite Zähne haben, gestattet werden, das Aushacken und Stämmeln der Dickichte ist verbothen. Die Förster sol- len genaue Aufsicht halten, daß jeder Unterthan bey seinem Bauerngute 4, und statt jeder gefällten Eiche 3 junge setze, alle zwey Jahre die Ei- chenbeschau vornehmen, anständige Plätze dafür auffuchen, sie beste..en und mit Einstängen versehen, das Eichenholz im Safte schlagen, die ei- chenen Rinden abschälen, und auf die nächste Lohmühle bringen laffen, auf junges Eichgesträuß genaue Aufsicht haben, das Anbrennen der Ei- chen nirgends gestatten, keine junge Eichreise, Ahorn, Buchen und Espen zum Körbmachen abgeben. Das Pecheln soll Niemand ohne Vorweisung des Patentes, und dann nur am schlagbaren Gehölze, so am Nächsten ge- schlagen werden soll, gestattet, kein taugliches Bau- Schneid- und

K   Werk

Werkholz dazu angewiesen, keine Saamebäume, keine Stämme, die nicht wenigst 3 oder 4 klüftig sind, angerissen, den Pechlern fleißig nachgesehen, und ihnen bey Strafe nichts wider die Ordnung und zum Schaden des Gehölzes übersehen werden. Um nicht zu weitläuftig zu werden berufe ich mich hier nur wieder auf die ältern und neuern Forstordnungen, die verschiedenen Maudaten, und auf die wiederholten Erinnerungen, die wegen der Beobachtung derselben so oft mußten gegeben werden, unterdessen noch die meisten unerfüllt sind, und ein großer Theil davon vielleicht höchst sträflich schon vergessen ist.

Die Eintheilung der Förste in ordentliche Gehaue ist seit vielen Jahren schon eine allgemeine Lehre aller verständigen Forstwirthe, aber in unserm Vaterlande bleibt solche, leider! unbefolget, obgleich die Vortheile derselben äußerst wichtig sind. Ist der Forst in ordentliche Gehaue getheilet, so bekömmt der Forstherr eine genaue Uebersicht desselben, er erfährt dadurch seine Länge, seine Breite und innere Beschaffenheit, seine bequeme oder unbequeme Lage in Rücksicht des Ortes, wo er das Holz will hinführen lassen, er wird dadurch in den Stand gesetzet, von jedem Orte her die Forstwirthschaft zu führen, und kann versichert seyn, daß der Forst auch seiner Nachkommenschaft noch dauerhaften Nutzen schaffen, und ihn diese für seine weise Ordnung segnen werde; er kann durch eine gute Taxirung, wenn sich keine außerordentliche Zufälle ereignen, sichere Rechnung auf das Holz und den daraus fließenden Geldbetrag machen. Welch eine Menge Processe verursachet nicht hierinn die Unordnung! Dort klagt ein Grundherr über den Unterthan, da der Unterthan über den Waldherrn wegen Abschwendung der Waldung, und der Proceß kann ein Jahr lang dauern, bis sich die Wahrheit

helt dem Richter zeigt. Bey einer ordentlichen Eintheilung liegt alles zu
jeder Stunde klar am Tage. Auch die Streitigkeiten zwischen Jägern
und Unterthanen, die bald der wech elweise Haß, bald der Eigennuß
auf einer oder der anderen Seite verursachet, würden wegbleiben; der
Förster dörfte nur genau auf die her estellte Ordnung halten, nicht aus-
kuchten, und nicht mehrere Gehaue auf einmal abtreiben lassen. Die
Holzdiebereyen sowohl als die Untreue der Aufseher würde dadurch ungemein verhindert, und den redlichen Aufsehern die Aufsicht sehr erleich-
tert. Ist der Forst nicht in Gehaue abgetheilet, so ist es unmöglich den
überall zerstreuten Anflug durch Zäune vor Wild und Vieh zu schützen,
bey ordentlichen Gehauen hingegen kann der leere Plaß sogleich wieder
besaamet, und mit wenigem Kosten und leichter Mühe verfriedet werden. Die ordentlichen Gehaue bleiben immer geschlossen, sie haben also von Stürmen und Schneebrüchen weniger zu fürchten. Wenn ein
Gehau abgetrieben wird, so werden die übrigen durch das Fällen, durch
die Wägen, Pferde und Holzhauer so leicht nicht verleßet, das gehaue-
ne Holz kann ganz leicht zu verschiedenem Gebrauche abgesöndert, und ohne
Schaden weggeführt werden. Man kann mit großem Nußen auch die
Stöcke ausrotten, welches in ausgeleuchteten Försten nicht wohl thun-
lich ist, weil sonst gemeiniglich die Wurzeln der übrigen Bäume auch
damit beschädiget werden. Ordentliche Gehaue sind wohl geschlossen,
mit dem schönsten, dicken, hochstämmigen Holze bewachsen, und ertra-
gen also weit mehr als ausgeleuchtete Förste. Bey ordentlichen Gehauen
ist auch für das Pecheln bald gesorgt. Man darf nur immer die Gehaue anpecheln lassen, die bald werden abgeholzet werden, in anderen
darf sich der Pechler gar nicht betreten lassen, und man kann daher leicht

K 2

Auf -

Aufsicht auf ihn haben *. Auch bey so einer Eintheilung kann man immer die unterdrükten, trocknen, abgestandenen Stämme herausziehen, und sie noch vor ihrem Verderben benützen, und dieß ist eigentlich ein Nebengeschäft im Forstwesen. Bey so einer genauen Eintheilung wird es an keiner Holzart mangeln, man wird jederzeit Bau - Brenn - Nutz - Schneid - und Stangenholz nach Nothdurft finden. Ausleuchten, d. i. die zum Bau - Nutz - oder Brennholze nöthigen Bäume hie und da in den Wäldern aufsuchen, und einzeln schlagen hat viele Nachtheile. Wenn auch ein Baum, der viele unterdrückt hat, weggenommen wird, so werden doch diese, da sie schon einmal unterdrückt sind, nimmer nachwachsen. Durch Fällen der großen Bäume werden viele junge Stämmchen, die in der Nähe sind, beschädigt, und die Arbeiter zertreten ringsherum den jungen Anflug, und hauen wohl gar die Stämmchen nieder, die sie im Aufarbeiten hindern. Dieses Ausleuchten verursacht auch mehrere Wege und Straßen, und da wird dann durch das Aufladen, durch Pferde und Wägen, durch das Aushauen der Wege der schönste Anflug beschädigt, und verderbt. Der Anflug kann nicht ohne schrecklichen Holzaufwand und übergroße Mühe verfriedet werden, und die Stürme machen der entstandenen Lüken und Oeffnungen wegen die größten Schäden. Der Pechler wird Bäume anpecheln, die nach dem Willen des Försters oder des Eigenthümers noch länger hätten stehen sollen, unterdessen werden viele tausend Bäume weggehauen, ohne daß er davon ein Pech erhalten hätte, man kann ihm nicht verwehren den ganzen Wald durchzugehen, und die Aufsicht ist also sehr erschweret. Man hat gewiß den Nutzen und Schaden dieser zwo Arten des Holzfällens wohl erwogen,

gen,

---

* Sieh Nothwendige Kenntnisse, und Erläuterungen des Forst - und Jagdwesens in Baiern Seite 135, u. f.

gen, als man im Jahre 1762 durch ein Mandat das Ausleuchten mit den Worten verboth: Das Holz soll nicht mehr nach dem an vielen Orten bisher eingeschlichenen Mißbrauche stück- und einschichtiger Weise ausgehauen, sondern allzeit nur ein Gemeinschlag gemacht werden. Daß die Hauungen nach dem Wachsthume des Holzes eingetheilet werden müssen, lehren alle Forstverständige. In einer Gegend also, wo die Holzart, welche dort fortkömmt, z. B. 30, 40, 50, oder mehrere Jahre nöthig hat, bis sie schlagbar ist, müssen 30, 40, 50, oder mehrere Gehaue nach Beschaffenheit gemacht werden, doch muß man hierinn auch auf die Größe der Waldung und auf die Umstände des Eigenthümers Rückficht nehmen. Bey Abtreibung des Holzes aber in Gehauen soll man nicht nur wirkliche Saamebäume, sondern auch einzelne Laßreiser und Oberständer stehen lassen, * damit auch in Zukunft der Stammausschlag nicht mangle, und weil das Säen und Pflanzen mühsam, kostbar und weniger erträglich ist.

Da uns abermal die künstliche Waldsaat in vielen Gegenden eben so wie die Zubereitung des Bodens, der oft überall mit Wachholder-Hasel- und Schwarzdorngesträuchen überzogen, dann mit Graswurzeln und höchst schädlichem Moose durchwebt ist, * * äußerst nöthig wird, so

K 3 kön-

---

* Man lese darüber die praktische Anleitung zur Forstwissenschaft von unserm würdigen Mitgliede Herrn Professor Däzel rc. Ferner des Freyherrn von Hartman bereits angezogene Abhandlung über den Gegenstand des Holzwesens.

* * Ein solcher verwilderter, zur Erzeugung des Nachwuchses untauglicher Boden kann bloß dadurch verbeßert, und zur nützlichen Aufkeimung des Holzsaamen hergerichtet werden, wenn man den Wasen, oder das Moos abschälen, (abziehen,) und verbrennen, sohin den Boden durch Aufhacken oder Pflügen auflockern läßt; denn ein lockerer Boden ist weit fähiger die beste Nahrung auch aus der Luft an sich zu ziehen,

können wir durch weise Anstalten, und gedeihliche Ausübung gründlicher Forstwissenschaft unsere Wälder wieder in blühende Umstände versetzen, und dadurch für jeden Holzmangel sicher seyn. Dadurch werden wir in die glückliche gesegnete Lage kommen, uns unseres Wohlstandes erfreuen, und zum wahren Vergnügen uns trösten zu können, daß uns unsere Kinder, Enkel und Urenkel noch in fernen Jahrhunderten für unsere weise Sorgfalt mit erkenntlichstem Herzen danken werden.

Ob gleich die Menge, und große Anzahl des Wildes durch strenge Kälte vorzüglich aber durch die weisen Gesetze unseres Regenten zum Vortheile des oft so sehr beschädigten Unterthanes und zum Nutzen der Waldungen sehr vermindert ist; so macht doch auch dieses wenige noch immer Schaden, der uns gewiß im Ganzen betrachtet empfindlich wird. Durch Eintheilung der Förste, durch fleißiges Einhegen könnte man ihn leicht abwenden. Die Hut dauert noch fort, und muß sogar an einigen Orten des Viehstandes wegen fortdauern, weil der Landmann die Rechte der Viehweyde nicht anlassen, die Gemeinweyden, die Heiden nicht cultiviren, und die Stallfütterung nicht einführen kann, oft aus anererbtem elendem Vorurtheile nicht will. Hätten sich unsere Aufklärer die Mühe gegeben, durch weise Vorstellungen solche Dinge zu bewirken, sie wären des gegenwärtigen und des künftigen Dankes mehr versichert.

Ueber

---

hen, wodurch die Säfte mittelst erleichterter Gährung weit feiner, und gedeihlicher zubereitet werden. — Der weiseste Schöpfer hat den jungen Pflanzen ihre Nahrung in den Saameloppen sehr genau und ordentlich zugewogen, die jederzeit gerade zu so lange dauert, bis das Würzelchen stark genug ist, selbst Nahrung aus der Erde an sich zu saugen, welches natürlicher Folge nach in einem lockern Boden weit eher und leichter als in einem festen, verwilderten Grunde geschieht, in welchen die Würzelchen der aufkeimenden Pflanze oder Bäumchens nicht so leicht in die Erde eindringen können, und daher viele Keime zu Grunde gehen müssen.

Ueber Streurechen haben wir wirklich die schönsten Verordnungen. Jeder Unterthan bekömmt Streu genug, und dem Holze wird nicht geschadet, wenn diese Arbeit verordnungsmäßig vorgenommen würde. Aber wer ist Schuld daran, wenn sie nicht gehalten werden? Die nämliche Beschaffenheit hat es mit dem Ausschneideln, Lohdenschneiden, Porkenreißen, Laubstreifeln, Harzreißen, Aschen- und Wagenschmierbrennen. Alles kann in gehörigem Maaß vorgenommen werden, und doch geschieht alles mit Uebermaaß.

Ein großes Verderbniß der Förste und des Holzes sind die Freblereyen und die erschrecklichen Diebereyen, die immer fortdauern, und sich beynahe stets verstärken. In Försten, die nahe an den Städten liegen, holen sich die armen Vorstädtler nicht nur alles Holz, was sie das Jahr hindurch brauchen, sie führen, wenn sie sich Vorrath genug gestohlen haben, wohl gar den Ueberfluß zu Markte. Die Streitigkeiten über die Jurisdiction der Förste giebt ihnen oft die beste Gelegenheit dazu, denn sie wissen nur gar zu gut, daß sie in diesem Falle nicht verschaffet werden können. Sie ziehen nicht einzelner Weise, sie ziehen zu 10, 12, 20 Schlitten miteinander in's Holz, damit sie dem Förster überlegen sind, und dann nehmen sie die muthwilligste Holzfällung vor. Die gute Eintheilung des Forstes, und daß man das abgestandene dürre Holz selbst fleißig auszieht, und so den Dieben zuvorkömmt, da sie das grüne und große so leicht nicht fortbringen können, ist das beste Mittel; denn was nützen die weisesten, was die schärfsten Gesetze wider List, und Betrug? Ihr Gewissen wird durch diese Diebereyen gar nicht beängstigt; denn sie behaupten, alle Menschen hätten gleiches Recht auf Holz und Wild, und der Schöpfer hätte es zu einem gemeinschaftlichen Gebrauche bestimmt. Wer belehrt diese Leute durch Aufklärung eines bessern?

Der

Der Frevel, den unsere Hirtenknaben in Förſten verüben, da ſie die Bäume ringeln, abſchälen, und ſchinden, den die Beſenbinder mit den Birken und andern Bäumen treiben, da ſie nicht die dürren Reiſer ſondern lieber friſche nehmen, den die Körbflechter an Eichen, Eſpen und Ahornen ausüben, ſind gewiß ſehr beträchtlich. Die Eichen leiden ganz ungemein dadurch. Zählen wir die Kutſcher alle in Baiern, und welche Menge, und doch hat gewiß jeder davon ein junges, ſchlankes, geſtohlenes Eichreis als einen Peitſchenſtock. Wie viele Stöcke, die als ſpaniſche Rohre prangen, ſind das Werk ſolcher verderblichen Diebſtähle! Und keiner von allen, die mit dieſem Raube prangen, pflanzet eine Eiche dafür.

Die Fäulniß verderbt jährlich auf unſern Gebirgen eine ungeheure Menge Holz. Es iſt nicht immer Unmöglichkeit die Urſache davon. Die Unterthanen eines Forſteigenthümers, der ihnen ihre Nothdurft für den ſchlechten Holzzins von 4 Kr., die ſie für die Klafter bezahlen, auszuzeigen ſchuldig iſt, nehmen es nicht an, wenn er es ihnen auch nur auf niedrigen Vorgebirgen auszeigt, ſie wollen ſelbſt zum Brennholze die ſchönſten Stämme, und er hat unaufhörliche Proceſſe, nicht ſelten bey billigſter Sache mit unglücklichem Erfolge auszuſtreiten, wenn er nicht ihren Willen erfüllt, weil manchmal Richter zu wenige Einſicht in die Lage oder Localumſtände beſitzen. — Die ſchönſten Stämme von Lerchen, Tannen, und Zirbelbäumen, das trefflichſte Bauholz geht unterdeſſen auf dem Hochgebirge dadurch ganz unbenützt zu Grunde. Es wird zu ſpät ſeyn, wenn wir erſt dann auf dieſe Benützung denken, wenn uns auf dem flachen Lande gänzlicher Mangel in die oberen Gegenden zwingt.

Was die Eichen betrifft, ſo ſind wir von dem Mangel derſelben allgemein überzeugt, und es iſt beynahe in dieſen Umſtänden gar nicht anders

ders möglich. Eine Eiche darf, wenn sie gedeihen soll, nicht im Walde, dicht vom Harzholze umgeben, stehen; denn sie wächst langsam, und wird also bald von den schneller wachsenden Arten zu einer Mißgeburt unterdrückt. Sie sollen weit von einander stehen, und sie rauben daher vielen Platz. Alles ist jetzt nur für die Gegenwart, für sich besorgt, und die Eiche, die Jemand jetzt pflanzt, nützt ihm nicht mehr. Wo ist der seltene, der rechtschaffene Biedermann, der seinen gegenwärtigen Vortheil der Zukunft opfert? Steht eine Eiche irgend an einem Anger, an einem Felde, sogleich muß sie weg, sie muß vor ihrer Reife fallen, denn sie ödet zu sehr ein. Niemand besetzet aus Liebe der Zukunft ausgereutete, offene Holzgründe, oder wenigst die Fahrtwege mit Eichen. — Woher sollen uns also Eichen wachsen?

Eben diese Eigenliebe, dieser Durst nach gegenwärtigem Vortheile reizt jeden an, alles Holz aufscheitern zu lassen, und verursacht Mangel am Bauholze. Im Unterlande verdrängte das Harzholz die Bircken und Buchen, und da man noch bis jetzt so selten an das Anbauen derselben denkt, so muß in solchen Gegenden Mangel an diesen Holzarten seyn.

Dieß ist es, was ich dermal über den Zustand des Holzwesens zu sagen weis. Die Entscheidung über gegenwärtigen und künftigen Mangel überlasse ich jedem frey, und wünsche nur, daß Männer, welche die richtigen Känntnisse unserer Jagd- und Forstrechte mit der gründlichsten Forstwissenschaft verbinden, sich vereinigen möchten die angemessensten, einfachsten Mittel, wie der beste Holzstand ehest glücklich hergestellet werden könne, zu entdecken, und daß die Regierung ihre Vorschläge mit allem Ansehen landesherrlicher Gesetze wider den muthwilligen, sträflichen Ungehorsam wesentlich unterstütze.

Der

Des
beständigen geselischaftlichen Vicepräsidenten
Leopold Freyherrn von Hartmann
wiederholte Erfahrungen um den sogenannten
Trill,
(Heiderettig, Raphanus Raphanistrum,) dieses höchst schädliche Unkraut
mit nützlichstem und untrüglichem Erfolge aus den Feldern
zu vertilgen.

Da ich immer von reinstem Patriotismus und wärmester Menschenliebe durchdrungen mich zum Wohl und Nutzen meiner Mitbürger
und Zeitverwandten mit einem die Natur studirenden Geiste beschäftige,
um dadurch die edle Landwirthschaft zu einem stets höhern Grade der Voll-
kommenheit zu befördern, so untersuchte, und beurtheilte ich neuerdings
jenen großen Schaden, welchen der Trill den Aeckern und Feldern zu-
zieht, ohne daß man bis zur Stunde den ernstlichen Bedacht nahm diesem
landschädlichen Uebel durch gedeiliche Mittel ersprießlichst zu steuern. Ich
sah mich daher verbunden neue fleißige Erfahrungen zu machen, meine
ältere schon vor vielen Jahren mit unseren gesellschaftlichen Schriften dem
öffentlichen Drucke übergebene Vorschrift fortan gründlich zu prüfen, und
diese Untersuchung hiemit mehrmal den Landwirthen zur nützlichen Nach-
ahme zu entdecken.

Die ordentliche Untersuchung war folgende. — Erstens: — In wem
die Natur und Eigenschaft des Trills bestehe? — Zweytens: — Warum derselbe unter den Sommerfrüchten zum gänzlichen Wachsthume
kom-

komme? — Drittens: — Wie diesem großen Uebel vorgebogen, und abgeholfen werden könne?

Die Natur und Eigenschaft des Trills besteht darinne, daß derselbe ein Unkraut von feinster Gattung sey, er wächst daher nicht, wenn der Boden fest ist, den er seines feinen Baues, und Gewebes wegen nicht leicht durchdringen kann: dieß ist die Ursache, daß er ganz selten auf den Brachfeldern erscheine, wenn er schon das Jahr zuvor auf diesen Feldern unter der Gerste häufig anzutreffen war. Er fodert den freyen Durchzug der Luft und hauptsächlich die Zertheilung oder Auflockerung der Erde durch das Umgraben oder Pflügen, ohne welches er nicht zu seiner Aufkeimung oder dem gänzlichen Wachsthume gelangen kann. — Die ordentliche Zeit seines Wachsthumes ist das Frühjahr; wenn demnach um diese Zeit der Boden nicht aufgelockert wird, oder schon eine Frucht oder Pflanze im Felde steht, die um diese Zeit bereits emporgesprossen ist, so hat der Trill keine Kraft mehr emporzukeimen, minder in die Höhe zu wachsen, sondern bleibt gänzlich unterdrücket, welches ein untrügliches Zeichen ist, daß der Trill sehr fein sey, bloß einen leicht gemachten Grund und die freye Luft zu seinem Wachsthume fodere, hingegen weder Näße noch einen harten Boden erdulden könne. — Kömmt aber der Trill über sich, so erhält er ein schnelles, hohes Wachsthum, breitet sich schädlich aus, vermehret sich ausnehmend, verderbet dadurch die Feldfrüchte, denen er die in der Erde liegenden Säfte raubet, solche überschattet, und dadurch in ihren zum Wachsen erfoderlichen Kräften merklich schwächet.

Warum aber der Trill unter den Winterfrüchten als Korn und Weitzen nicht emporwachse, so ist dessen die gegründete Ursache folgende:

die-

diese Felder werden schon im Herbste bearbeitet, und angesäet, folglich
wird der Boden im Frühjahre nicht mehr aufgelockert, und die Feldfrüchte sind alsdann schon ziemlich hervorgesprossen, daher hat der Trill keine Kraft emporzukeimen: wo hingegen bey Anbauung der Sommerfrüchte deffen Wachsthum ungemein befördert wird; weil der Trillsaame
eben dort in seiner entwickelten Wirksamkeit und aufkeimenden Kraft
ist. — Durch die Absönderung und Zertheilung der Erde bey dem Pflügen und Egen gewinnt er vermittelst der eindringenden Luft und locker gemachten Erde seine Kräfte, und da er, bevor die Sommerfrüchte aufkei-
men, und Wurzel schlagen, schon emporsprosset, so hemmet ihn nichts im
Wachsthume, folglich verderbet, oder vermindert er die Feldfrüchte, und
schadet derselben Wachsthume dadurch merklich.

In Feldern, wo es geschienen hatte, daß der Trill nicht auszurotten
sey, hat die Unterbauung des Klees unter die Sommerfrüchte denselben
fast gänzlich vertilget; weil der Klee vermöge seines bunten Wachsthumes sich sehr nahe an dem Erdboden ausbreitet, auch mit seiner fetten
Eigenschaft den Trill austränket, und mit seinem von sich gebenden Schatten gedeilich unterdrücket, folglich muß derselbe, da er keine Näße er-
tragen kann, auch dadurch der freyen Luft beraubet wird, ersticken, und
verfaulen: wie dann auch der Klee den Wurzeln des Trills den benö-
thigten Nahrungssaft entziehet, folglich deffen Wachsthum gänzlich be-
nimmt.

Da man aber nicht an allen Orten diesen Kleeanbau vorzunehmen
gewohnet ist, so habe ich nach gründlich geprüfter Eigenschaft des Trills,
und deffen zum Wachsthume erfoderlichen wohl untersuchten Kräften zu
seiner allgemeinnützlichen Vertilgung folgende Erfahrungen mit glücklichem
Erfolge gemachet.

Er-

Erste Erfahrung.

Ich ließ einen in der Brache liegenden Acker, auf welchem der Trill in dem Sommer zuvor häufig unter der Gerste zum größten Schaden gewachsen war, in dem Sommer zu 2 bis 3 mal jederzeit bey größter Hitze umackern. Dadurch wurde das Wurzelwerk und der Saame dieses höchstschädlichen Unkrautes in die Höhe gebracht, bey schwülen Sommertagen vertrocknet, der Hitze ausgesetzet, von der Sonne ausgedörret, verbrannt, und gänzlich zernichtet, wodurch der Trill fast gänzlich zerstöret wurde. Die weitere von mir vorgenommene

Zweyte Erfahrung

war von einem noch weit glücklicheren Erfolge. Ich ließ einen brachliegenden Acker, auf welchem in dem vorhergehenden Sommer häufiger Trill gewachsen war, im Frühjahre ordentlich umackern, und einegen, worauf sich der aufkeimende und stark emporwachsende Trill in großer Menge zeigte, denselben ließ ich sohin, da er in die Höhe gesprossen war, und seine Blüthe zeigte, ordentlich ausziehen, und dem Rindviehe zur Nahrung geben, welches solchen ausnehmend gerne ißt. Hierauf wurde der Acker nach meiner Anordnung mehrmal mit dem Pfluge umgerissen. Einige Wochen hierauf zeigte sich nur mehr weniger Trill in seinem Flore. Ich ließ damit wie das Erstemal verfahren, und durch diese zweyte Verfahrung wurde der Trill gänzlich ausgerottet. — Da derselbe bekannter Maßen das gedeiliche Wachsthum der Sommerfrüchte sonderbar der Gerste, welche doch wegen dem großen Bierverschleiße ein Hauptprodukt für Baiern ist, ungemein vermindert, folglich im Ganzen genommen für das Vaterland ein beträchtlicher jährlicher Schaden von vielen

tausend Schefeln wird, so wünschte ich mit heißestem Patriotismus, daß
die Ausrottung des Trills nicht mehr mit gleichgültigem Gemüthe verab-
saumet, sondern von allen Landwirthen auf diese Weise eifrigst und all-
gemeinnützlich um so mehr ehest fürgekehret werden möchte, als die hier
erklärte Manipulation von mir durch viele Jahre geprüft, sicher und
bewährt gefunden worden, auch solche ganz einfach und nicht
mit den geringsten Kösten verbunden ist, folglich ganz
leicht unternommen werden kann.

Druckfehler.

Pag.	34,	Linie	17	lies	Vergnügungen
—	40,	—	7	lies	Preis.
—	59,	—	13	lies	Stromes
—	62,	—	11	lies	Wissenschaft

www.ingramcontent.com/pod-product-compliance
Lightning Source LLC
Chambersburg PA
CBHW020307090426
42735CB00009B/1248